대통령의 탄생

대통령 제도는 어떻게 생겨났는가

차례
C o n t e n t s

프롤로그

대통령제는 미국혁명의 소산이다. 대통령제(presidential system)는 1787년 미국연방헌법이 제정됨으로써 역사에 처음 등장했다. 오늘날 당연시되는 헌정 원리와 이념이 처음으로 현실정치에서 구현된 것이다. 왕의 신민臣民이었던 미국 국민은 혁명을 통해 국가의 주인이 되었다. 그리고 그들은 자신들을 통치할 정치권력체제를 스스로 결정하고 그 결정을 영구화하기 위해 헌법을 성문화했다.

그러나 대통령제는 18세기 말 미국인들이 혁명 초기부터 지향하고 의도했던 정치제도는 아니었다. 그때까지만 해도 그들은 영국의 입헌군주제를 역사상 가장 훌륭한 정치제도라고 생각했다. 그러나 미국혁명으로 영국 군주가 사라진 정치상황 속에서, 그들은 새로운 정치제도를 모색할 수밖에 없었다. 그것도 영국의 입헌군주제보다 더 훌륭하다고 자랑스러워 할 수 있는 제도를 마련해야 했다.

1787년 필라델피아 제헌회의에 참석했던 '헌법제정자들(Framers)'에게도 대통령제는 미지未知의 프론티어였다. 그들 대부분은 기껏해야 만능의 권력을 휘두르는 무소불위無所不爲의 입법부를 제한해야 한다고 생각했을 뿐이며, 오늘과 같은 연방정부의 구성은 꿈꾸지도 않았다. 그러나 필라델피아 제헌회의에서 그들은 역사상 한 번도 시도되지 않았던 제도를 가장 훌륭한 제도로서 과감히 받아들였고 자신 있게 국민 앞에 내놓았다.

지금까지 미국 대통령제의 역사적 경험을 평가해보면, 그들의 제안은 어느 미국 헌정사가가 평가했던 것처럼 가히 '기적奇蹟'이라고 할 수 있다.[1] 인류 역사상 전혀 존재하지 않았던 정치체제를 구안具案했다는 점에서 대통령제는 기적이었다. 이와 동시에 1787년의 헌법제정자들이 희망했던 것처럼, 미국 연방헌법의 대통령제는 독재의 출현과 권력 남용을 방지하는 동시에 강력한 중앙정부를 통해 전 세계적으로 성공적인 리더십을 발휘해왔다는 점에서 기적이었다.

이 '기적'은 집단 이성의 지적 노력의 결과였다. 헌법제정자들은 근대 계몽사상의 철학적 신조에 얽매인 정치인들이 아니었다. 그들은 주권재민, 권력분립, 견제와 균형 등의 근대 헌정이론에 정통했다. 이와 동시에 그들은 고전을 원어로 읽고 오랫동안 진지한 토론을 벌일 만큼 놀라운 지적 능력의 소유자였다. 또한 그들은 대통령제를 마련하고 이견을 조정하기 위해 서로 양보하고 타협할 줄 아는 유연한 사고를 가진 지성인이었다. 그리고 무엇보다도 그들은 인간의 권력 욕망과 권력의 메커니즘이 공공선을 위해 어떻게 통제되고 절제되며 승화되어야 하는지를 잘 아는 정치인이었다.

헌법제정자들은 항상 구체적인 사안들을 원리원칙에 비추어 반성적으로 성찰하는 원칙주의자이기도 했다. 시민 혁명을 주도했던 그들은 혁명 원리였던 인간의 자유, 생명, 그리고 행복의 추구가 보장되고 실현되는 정치체제를 항상 염두에 두었다. 오히려 바로 이런 이유 때문에, 그들은 자신의 정치적 이해관계를 넘어설 수 있는 용기와 지혜를 가질 수 있었다. 그리고 필라델피아의 '기적'은 자신들에게 주어진 역사를 깊이 성찰할 수 있는 헌법제정자들의 통찰력 때문에 가능했다.

대통령제의 탄생에는 크게 세 가지의 역사적 맥락이 작용하였다. 첫 번째의 역사적 맥락은 북아메리카 영국 식민지 간의 협력체제이다. 북아메리카의 13개 영국 식민지들은 영국의 폭정에 항거하고 저항 운동을 효과적으로 추진하기 위해 여러 형태의 식민지 간 협력기구 내지 협력체제를 만들었다. 1774년의 '참을 수 없는 법(Intolerable Acts)'에 저항하여 모인 제1차 대륙회의(Continental Congress), 1775년 5월에 구성한 제2차 대륙회의, 그리고 독립선언 이후 연합헌장(Articles of Confederation)에 근거한 미국연합체제가 그러한 것들이다.

이와 같은 북아메리카 협력체제는 1787년의 필라델피아 제헌회의에서 등장한 대통령제의 연방적 원천源泉이 되었다. 예를 들면, 연합헌장 아래의 미국연합체제는 이미 '미국(United States of America)'으로 호칭되었다. 그리고 이 체제에는 이미 '프레지던트president'라는 직책이 있었으며 행정부서(departments)가 존재했다.

두 번째의 역사적 맥락은 각 주(state: 국가)의 헌법 제정과 이에 따른 최고행정관의 등장 및 그 전개과정이다. 영국에서 독립한 북아메리카의 13개 식민지는 각각 헌법을 제정하고 주권국가로 발돋움했다. 공화국으로 독립한 식민지들은 각자 나름대로 헌법에 최고행정관을 규정하고 입법부가 제정한 법률을 집행하도록 하였다. 대부분의 식민지에서 최고행정관은 입법부가 선출하는 이른바 '입법부의 피조물'로서 입법부의 명령인 법률을 성실히 집행하는 1년 임기의 행정관에 지나지 않았다. 그는 그야말로 미약한 권력을 가진 존재였다.

그러나 뉴욕(State of New York)에서는 사정이 달랐다. 뉴욕의 최고행정관은 3년이라는 비교적 장기간의 임기 속에서 강력한 권한을 행사했다. 다른 어떤 공화국의 경험보다도 뉴욕의 경험은 미국 대통령제의 선례로 크게 작용하였다.

매사추세츠, 뉴욕, 버지니아 등 13개 공화국의 최고행정관은 식민지 전통을 이어 '거버너governor'라고 불리기도 했지만 '프레지던트president'라는 말로 불리기도 했다.[2] 따라서 1787년 필라델피아에 모인 헌법제정자들이 미국 대통령의 권한과 제도에 관하여 논의하면서 의식적이든 무의식적이든 13개 공화국들의 최고행정관의 권한과 제도에서 아이디어를 얻었다는 것은 의심할 여지가 없다.

세 번째의 역사적 맥락은 1787년의 필라델피아 제헌회의다. 필라델피아 제헌회의는 글자 그대로 대통령제의 모태母胎였다. 이 제헌회의가 개최되지 않았다면 아마도 대통령제는 세상의 빛을 보지 못했을 것이다. 제헌회의에서는 독립을 선언한 1776년 이후 약 11년간의 정치경험뿐만 아니라 근대 및 고전고대의 정치 철학과 이상 그리고 경륜이 집약되었다.

그러나 필라델피아 제헌회의에 대한 일반적인 설명만으로는 대통령제의 탄생에 관한 역사적 설명을 대신할 수 없다. 단적으로, '미국 헌법의 아버지'로 불리는 제임스 매디슨James Madison은 연방 권력구조의 틀을 마련하는 데 크게 기여했지만, 대통령제의 탄생에서는 산파 역할조차 하지 못했다. 그의 역할은 기껏해야 산파의 도우미 정도였다.

이 책은 우선 이와 같은 세 가지의 역사적 맥락을 하나씩 짚어가면서 대통령제의 탄생에 대하여 이야기할 것이다. 그러나 여기에서 주의할 점은 미국의 헌정체제가 대통령이 중심이 되는 정치체제가 아니라는 점이다. 단적으로, 제임스 매디슨이 '헌법의 아버지'인 까닭은 그가 대통령제의 탄생에 결정적인 역할을 담당해서가 아니다. 입법부·행정부·사법부 간의 권력분립 및 견제와 균형의 원칙에 근거한 균형헌법(balanced constitution)을 제정하는 데 가장 근본적이며 영향력 있는 산파의 역할을 담당했기 때문이다. 따라서 미국의 정치체제를 대통령이 권력구조의 중심이 되는 체제, 즉 대통령중심제로 보는 것은 피상적 이해에 불과하다고 할 수 있다.

그러나 미국을 제외하고, 우리나라의 경우를 포함한 거의 모든 나라의 대통령제는 실제로 대통령중심제이거나 기형적 대통령제이다. 이들 국가에서는 대통령이 행정권뿐만 아니라 입법권, 심지어 사법권까지 장악하는 독재체제 혹은 독재적 요소를 가지고 있다. 필라델피아 제헌회의의 대표들은 몽테스키외의 격률에 따라 입법부, 행정부, 사법부 3부 중 어느 한 부라도 다른 부의 권력을 가지고 있다면 그것은 독재와 다름없다고 입을 모았다.

이러한 맥락에서 이 책은 반성적 성격이 강할 수밖에 없다. 대통령제의 탄생 비밀과 역사를 살펴봄으로써, 왜 우리는 대통령제를 유지하고 있는가, 대통령제는 과연 우리에게 가장 좋은 정치체제인가, 우리의 현행 대통령제는 과연 어떤 종류의 대통령제인가, 우리의 대통령제를 어떻게 국민의 권리와 자유를 최대한으로 보장하며 신장하는 제도로 변혁시킬 것인가 등의 문제를 반복적으로 되묻는 기회를 가지게 될 것이기 때문이다.

영국 식민지인의 경험

　혼히 미국의 시작을 종교의 자유를 찾아 떠난 청교도의 아메리카 식민정착으로 생각하지만, 그것은 잘못된 것이다. 북아메리카에 영국의 영구적 정착촌이 최초로 자리를 잡은 것은 1607년의 일이다. 영국 상인과 모험가들이 버지니아의 제임스타운Jamestown에 정착촌을 세운 것이 최초이다. '필그림(Pilgrims)'이라 불리는 급진적인 청교도들이 메이플라워호를 타고 와 매사추세츠의 플리머스Plymouth에 식민지를 건설한 것은 그로부터 13년이 지난 1620년의 일이다.

　영국 이주민들은 가능한 한 아메리카 식민지에 영국 사회를 이식移植하려고 노력했다. 그들은 자신들을 영국인으로 간주했고 영국 출발지의 지명에 따라 식민지 지명도 똑같이 명명했다. 이런 그들이 식민지에 적응하면서 영국의 사회 및 정치체제를 이식하려 한 것은 자연스러운 일이었다.

거의 대부분의 식민지인들이 아메리카에 발을 내딛게 된 것은 종교의 자유를 위해서가 아니었다. 종교적 이유보다는 신세계에 대한 환상을 가지고 일확천금의 기회를 노리며 대서양을 건너온 경제적 이유가 더 컸다. 소수의 급진적인 청교도를 제외한 대부분의 청교도는 영국 국교와의 단절을 거부하는 비분리주의자였다. 따라서 대부분의 청교도들은 아메리카에 식민해 온 이후 영국과의 유대를 단절하기는커녕 오히려 강화해 나갔다.

영국과의 유대 강화는 명예혁명 이후 더욱 심화되었다. 영국의 통치체제는 아메리카 식민지에 빠른 속도로 이식되었다. 그것은 단순히 북아메리카 식민지가 대영제국의 식민지였으며 영국 국왕이 북아메리카 식민지에 정치적 통일성을 부여하려고 했기 때문만은 아니었다. 이는 식민지인들이 영국의 정치체제에 가장 익숙해 있었을 뿐만 아니라 영국의 통치체제를 인류역사상 가장 바람직한 형태로 생각하고 있었기 때문이었다.

영국의 통치체제는 여러 면에서 훌륭한 체제로 인식되었다. 세계 어느 나라도 영국보다 더 부유한 나라는 없었다. 영국만큼 개인의 자유와 권리를 널리 보장해 주는 나라도 없었다. 몽테스키외는 자유가 영국에서 "최고도의 완성"에 도달했다고 칭송했다. 그리고 그는 정치철학적으로도 영국의 통치체제를 세상에서 가장 훌륭한 것으로 평가했다.

영국의 통치체제는 고전적인 정치철학적 문제, 즉 정체순환론政體循環論의 문제를 해결한 것으로 보였다. 그 동안 많은 정치철학자들과 지식인들은 정치체제가 그 내적 결함 때문에 순환된다고 믿어왔다. 권력의 남용과 부패로 인해, 군주정은 참주정 혹은 독재(despotism)로 변질되고 귀족정은 과두정으로 타락하며 민주정은 중우정衆愚政으로 변질된다. 그러나 권력의 쇄신과 부정부패의 청산으로 중우정은 군주정으로 거듭나게 되고, 참주정은 귀족정으로 새로워지며, 과두정은 민주정으로 바로 서게 된다. 따라서 내적 결함에 의한 정치체제의 순환을 끊기 위한 오랜 노력이 영국에 와서 마침내 그 역사적 과업을 성취했다는 것이다.

북아메리카 영국 식민지인들은 영국의 입헌군주제가 군주정, 귀족정, 그리고 민주정의 세 가지 요소를 동시에 갖춤으로써 정체순환의 고리를 단절시켰다고 믿었다. 군주정을 실현한 영국 국왕과 더불어, 의회의 상원은 세습에 의해 종신으로 직위가 보장되는 귀족들로 구성됨으로써 귀족정을 실현한다. 또한 의회의 하원은 국민이 직접 선출한 사람들로 민주정을 구현한다. 영국은 이들 세 가지의 정치체제 요소가 상호간의 견제와 균형을 이룸으로써 중우정, 참주정 그리고 과두정의 출현을 동시에 방지하고 정치체제의 부패와 타락이 없는, 즉 순환하지 않는 정치체제를 건설했다는 것이었다.

따라서 북아메리카 식민지인들은 영국의 통치체제와 유사한 통치체제를 추구했다. 각 식민지에는 영국 국왕이 임명하는 총독(governor)이 있었고, 대부분 식민지의 경우 총독이 임명하는 상원(혹은 집행평의회), 그리고 식민지인들이 직접 선출하는 하원이 있었다. 물론 식민지의 상원은 귀족들이 차지한 것은 아니었다.

영국 국왕처럼 식민지 총독에게는 실로 강력한 권력이 부여되었다. 총독은 식민지 입법부가 제정한 법률안에 대한 절대거부권(absolute veto)을 가지고 있었다. 절대거부권은 입법부의 재의권再議權을 인정하지 않기 때문에 일단 법률안이 거부되면 어떤 경우에도 법률이 될 수 없었다. 그뿐만 아니라 총독은 입법부의 휴회권과 해산권을 가지고 있었고, 법원을 개설하고 법관을 임명하는 권리도 보유하고 있었다. 또한 총독은 식민지 군軍의 통수권자로서 군대를 소집하고 지휘하며 계엄을 시행할 수도 있으며, 주권국가에 대해 전쟁을 선포할 수는 없지만 비상시에는 인디언 전쟁을 수행할 수 있었다. 그리고 총독은 언론검열권, 사면권, 회사설립권 등 폭넓은 행정권도 가지고 있었다. 요컨대, 영국 식민지의 총독은 행정, 입법과 사법 모두에 광범위하게 행사하는 대권적(prerogative) 권력을 보유하고 있었다.

그러나 실제로 식민지 총독의 권력은 그리 대단한 것이 아니었다. 영국 의회가 스튜어트 국왕들에게 했던 것처럼, 식민지 의회는 특히 재정법안에 대한 배타적인 권력을 장악함으로써 총독의 권력을 점차 잠식하였다. 영국의 경우도 마찬가지였다. 영국 국왕은 전쟁선포권을 가지고 있었지만 전쟁을 성공적으로 수행하기 위해서는 의회의 지원과 협조를 필요로 했다. 의회는 전쟁수행에 관한 재정지원을 결정하는 재정법안에 대해 배타적 권리를 가지고 있었기 때문이다. 영국 국왕이 의회의 지도자들에게 정부계약, 특혜 등의 실질적인 뇌물을 주었던 것처럼, 식민지 총독도 뇌물이나 정치거래를 통해 식민지 의회의 유력인사들에게 기대지 않으면 안 되었다.

이 과정에서 총독은 부정부패의 온상으로 식민지 의회는 자유와 권리의 수호자로서 인식되었다. 극소수의 인물을 제외하면, 대부분의 식민지 총독은 공금을 횡령하거나 해적 행위를 눈감아주는 대가로 뇌물을 받아 챙겼으며, 때로는 부총독(lieutenant governor)에게 식민지 업무를 내맡기고 자신은 영국에 머물며 부재 총독으로 세월을 보내기도 하였다. 더구나 총독은 근본적으로 영국 국왕의 이익을 대변하고 영국의 이익을 우선시했기 때문에, 식민지인들은 총독의 행동과 정책을 기본적으로 자신들의 이익에 반하는 이질적인 것으로 간주했다.

따라서 총독과 식민지 의회가 자주 갈등을 빚었다는 사실은 그리 놀라운 일이 아니다. 특히, 영국은 식민지가 지역 행정을 위해 재정적으로 자립성을 갖출 수 있도록 영구적인 세입원을 확보·통제할 수 있기를 희망했고, 총독은 이러한 본국의 열망에 부응하려고 노력했다. 그러나 식민지 의회는 배타적인 재정법안 권력으로 총독의 희망을 좌절시켰고 자율적이며 독립적인 식민지 과세권을 옹호하는 데 결사적인 노력을 기울였다. 그리고 그 결과는 독립을 향한 선택이었다.

미국연합의 비효율과 무능

    영국 의회의 과세는 아메리카 식민지의 혁명정신을 촉발시켰다. 식민지인들은 "대표가 없으면 과세도 없다"고 대표 과세의 헌정 원칙을 외치며 영국인으로서의 권리를 주장했다. 1765년 인지세법(Stamp Act)이 통과된 이후, 영국에서 식민지 과세를 목적으로 하는 법이 통과될 때마다 식민지인의 목소리는 더욱 격앙되었고 식민지의 단결은 더욱 공고화되었다.

    1773년 12월의 보스턴차사건에 대한 직접적인 보복으로 영국은 일련의 법을 통과시켰다. 이 법으로 보스턴 항구는 폐쇄되고 매사추세츠 식민지의 거의 모든 공직은 총독 혹은 영국 국왕에 의해 임명될 것이었다. 타운회의(town meeting)는 1년에 1회로 제한됨으로써 실질적으로 폐쇄된 것이나 다름없었다.

이는 매사추세츠의 자치自治 전통을 박탈하는 것이었다. 매사추세츠 식민지인뿐 아니라 다른 모든 식민지인들에게 이 법은 도저히 '참을 수 없는 법(Intolerable Acts)'이었다.

1774년의 '참을 수 없는 법'에 분기한 식민지인들은 대륙회의를 소집했다. 조지아를 제외한 12개 식민지 의회가 보낸 대표들로 구성된 제1차 대륙회의에서는 영국상품 불매운동을 위한 협약 체결이 결의되었다. 그리고 법안폐기 등 영국의 대응을 지켜보면서, 다음 해 5월에 다시 모여 추후 행동과 방침을 결정하기로 했다.

그러나 제2차 대륙회의가 개최되기 전인 4월 19일, 영국군과 식민지인 사이에 전투가 발생했다. 매사추세츠의 렉싱턴과 콩코드에서 발생한 교전으로 사태가 악화되면서, 1776년 여름 제2차 대륙회의는 영국으로부터의 독립을 결의하였다. 그러나 13개의 식민지 전체가 하나의 단일국가로서 독립하는 것이 아니었다. 대륙회의는 각 식민지가 하나의 주권국가로서 영국으로부터 독립하며 각 식민지에 거주하는 주민들은 각각 그 국가의 시민이 된다는 점을 분명히 했다.

이와 비슷한 시기에, 제2차 대륙회의는 독립전쟁을 효과적으로 전개하기 위해 식민지간 협력체제를 마련하기로 결정했다. 13개의 식민지들은 각각 개별적으로 왕이 없는 공화국이자 주권국가로 독립하였지만, 각 국가가 개별적으로 영국에 군사적으로 대응하기란 현실적으로 불가능하다는 사실이 자명했다. 아메리카 공화국들은 공동의 적敵인 영국에 대처하는 협력체제를 갖추기로 하였다. 이는 군사적으로 불가피한 선택이었다. 협력체제는 헌장을 통해 모습을 갖추게 될 것이었다.

그러나 아메리카 공화국들은 개별적으로 주권국가였기 때문에 협력체제가 자신들의 독립과 주권을 침해할 것을 심각하게 우려했다. 새로운 협력체제가 일종의 중앙집권적 기구가 되어 새로운 폭압적 기구로 변질된다면, 영국으로부터의 독립은 사실상 아무런 의미가 없는 것이다. 따라서 아메리카 공화국들은 혁명전쟁 수행시 반드시 필요로 하는 최소한의 권력에 한하여 새로운 협력체제에 권한을 부여하기로 했다. 그리고 영국 국왕이 휘둘렀던 폭압적 행정 권력을 고려하여 행정 권력은 부여 대상에서 사실상 제외되었다.

1776년 6월 11일, 13개의 아메리카 공화국은 협력체제 창설 안案의 작성을 위해 각각 1명씩 파견하여 총 13명의 대표들로 위원회를 구성했다. 약 1달 후, '13인 위원회'는 신속하게 움직여 협력체제 창설 안을 제출했다. 이 체제는 "아메리카 국가들의 자유, 주권, 그리고 독립을 보장하기 위한 연합(Confederation)"이 될 것이었다. 16개월 후인 1777년 11월 15일, 제2차 대륙회의는 1년여 토론을 거쳐 협력체제 창설 수정안을 '연합헌장(Articles of Confederation and Perpetual Union)'이라고 제명題名하고 승인을 위해 각 공화국에 송부했다. 마침내 1781년 3월 1일에 메릴랜드를 마지막으로 연합헌장의 비준이 끝났다.

이처럼 연합헌장의 비준은 매우 느리게 진행되었다. 그러나 아메리카 공화국 간의 협력체제 구축이나 운영에는 사실상 아무런 문제가 없었다. 연합헌장은 당시 제2차 대륙회의가 운영되어 온 사실상(de facto) 협력체제를 규정한 것이기 때문이었다. 연합헌장은 단일국가의 헌법이라기보다는 UN헌장처럼 주권국가들의 국제규약과 같은 것이었다.

그러나 연합헌장을 단순히 국제규약으로만 규정할 수는 없다. 왜냐하면 단일국가(a nation)로서의 미국의 역사적 기원이 '연합된 아메리카 국가들'에 있고, 공동의 독립선언과 혁명의 역사적 경험이 오늘의 미국을 형성하고 있기 때문이다. 이를테면 '연합된 아메리카 국가들'도 오늘날 미국의 영문 명칭인 United States of America를 동시에 사용했다.

따라서 이와 같은 역사적 단절성과 연속성을 동시에 고려하여, 아메리카 국가들 간의 협력체제는 미국연합(Confederation) 이라고 한다. 그리고 1787년 미국연방헌법이 제정된 이후의 미국 체제는 미국연방(Union)이라고 한다. 달리 말해 '미국'이라는 동일한 명칭 아래 연속성을 가지며, 연합과 연방이라는 상이한 명칭 아래 단절성을 가지는 것이다.

연합헌장에 의해 사후에 협약된 미국연합의 체제는 미국연합 국가들의 독립적인 주권을 최대한 반영하면서 운영되었다. 각 국가는 미국연합의 회의(Congress)에 2명에서 7명까지 파견할 수 있으나, 미국연합 체제에서는 각 국가의 인구나 부富에 관계없이 국가당 1표가 동등하게 할당되었다. 연합회의에서 법률은 13개국 중 9개국의 찬성이 있어야 했고, 연합헌장의 수정 등 주요 사안은 만장일치로 의결하기로 하였다.

일종의 국제 조직인 미국연합에는 독자적인 행정부가 없었다. 연합헌장에는 행정부서(departments)의 구성을 명시한 조항조차 없었다. 다만 연합헌장은 연합회의에 "미국의 일반적 업무를 관리하기 위하여 필요한 위원회와 공무원"을 임명할 수 있도록 권한을 부여했을 뿐이었다. 행정업무는 연합회의가 전적으로 관할하도록 규정되었다. 행정권이 연합회의에 귀속된 것이다. 연합회의가 회기 중이 아닌 때에는 국제위원회(Committee of States)가 연합회의의 이름으로 행정업무를 담당하도록 했다. 하지만 연합회의가 회기 중일 때에는 국제위원회는 어떤 권한도 가질 수 없었다.

미국연합에는 '프레지던트'라는 ·직책이 있었다. 그러나 그 직책은 대통령이 아니라 연합회의를 주재主宰하는 의장議長에 불과했다. 그 공식적인 직위 명칭은 '미국 대통령(President of the Untied States of America)'이 아니라 '미국연합회의 의장(President of the United States in Congress Assembled)'이었다. 따라서 최초의 연합회의 의장인 코네티컷의 새뮤얼 헌팅턴Samuel Huntington은 우리가 알고 있는 그런 미국 대통령이 아니다.[3]

연합회의 의장은 출신 국가가 파견한 대표들 중 한 사람이었다. 따라서 그는 자신의 국가가 연합회의에서 1표만을 투표할 수 있기 때문에 동료 국가 대표들과 상의하여 1표를 함께 행사해야 했다. 다만 의장은 투표결과가 가부동수일 때 결정투표를 던질 수 있었다. 그의 임기는 1년 단임으로, 3년 기간 중 1년 이상을 초과할 수 없었다.

그러나 연합회의 의장의 역할은 연합헌장 제9조에서 규정한 회의를 주재하는 데에만 국한되지 않았다. 우선 연합회의 의장은 일반적으로 저명하고 널리 존경받는 인물들이었다. 예를 들면, 독립선언서에 자신의 이름을 가장 크게 서명한 존 핸콕John Hancock과 파이턴 랜돌프Peyton Randolph는 2번에 걸쳐 의장으로 선출되었다. 초대 재무장관이 된 알렉산더 해밀턴Alexander Hamilton은 연합회의 의장들이 미국연합 국가들의 최고행정관들보다 훨씬 뛰어났다고 평가했다.

또한 연합회의 의장은 실질적으로 여러 행정업무를 관장했다. 의장은 대외적으로 연합회의를 대표했다. 그는 일종의 국가수반으로서 외국군인, 외국 대표 및 외교관 등을 접견하고 그들과 통신하며 협조했다. 이러한 연합회의 의장의 행정 역할은 연합회의 산하에 행정부서가 만들어지면서 감소했다. 그럼에도 이 같은 연합회의 의장의 국가수반 면모는 후에 국가수반으로서의 미국 대통령의 역할에 어느 정도 영향을 미쳤다.

이미 1775년에, 대륙회의는 원활한 혁명전쟁의 수행을 위해 행정을 담당하는 여러 위원회를 설치하기 시작했다. 각종 위원회는 초석(硝石, saltpeter), 소금, 화약, 고기, 군복 등 여러 군수물자를 공급하는 것뿐만 아니라 스파이 조직을 구성하고 군인과 의료진을 양성하고 파견하는 등 수많은 업무를 담당했다. 어떤 위원회는 뉴욕의 허드슨 강가에 방어진을 구축해야 했고 또 다른 어떤 위원회는 영국 함대를 포획하기 위한 전략을 모색하기도 했다. 미국연합에는 체계적인 행정부가 없었기 때문에, 이 모든 일을 전적으로 연합회의가 위원회를 통해 처리하고 운영해야 했다.

위원회 중심의 미국연합 행정은 두말할 나위 없이 비효율적이었다. 한 명의 미국연합회의 의원이 수많은 위원회에 소속되어 업무를 처리해야 했다. 후에 미국 제2대 대통령이 될 존 애덤스John Adams는 80개 내지 90개의 위원회에 소속되어 "너무 바쁜 나머지 정신이 없을 정도"라고 불평을 터뜨렸다. 그는 새벽 4시부터 밤 10시까지 과중한 업무에 시달렸다. 특히 위원회의 위원장인 경우에는 더 많은 업무가 기다리고 있었다. 더욱이 거의 대부분의 경우, 위원장에게조차 사무직원이 배정되지 않았다.

또한 위원회는 행정업무를 담당했지만 해당 업무에 관한 결정권은 가지고 있지 않았다. 위원회는 해당 사안을 연합회의에 보고해야 했고 업무처리를 위해서 연합회의의 결정을 기다려야만 했다. 상정된 사안은 거의 항상 토론을 거쳐 결정되었다. 때로 위원회 보고서의 세부적 내용까지도 면밀한 검토를 거친 후에야 결정이 이루어졌다. 그야말로 효율적인 업무처리뿐 아니라 신속한 업무처리도 불가능했다.

연합회의는 실질적으로 하나의 사안에 대해 여러 위원회를 새로이 구성하고 업무를 위촉함으로써 비효율적인 행정업무를 더욱 악화시켰다. 1775년 10월 5일, 군수물자를 가득 실은 영국선박 2척이 영국에서 퀘벡으로 간다는 첩보가 들어와 연합회의에 상정되었다. 연합회의는 그 영국선박을 차단할 계획을 수립하라고 어떤 위원회에 업무를 할당했다. 그 위원회가 나포 계획을 수립하여 보고하자, 연합회의는 그 계획의 실행을 또 다른 위원회에 일임했다. 미국연합의 행정업무는 효율성과 신속성뿐 아니라 일관성도 없었다.

미국연합의 비일관성을 더욱 부채질 한 것은 위원회 구성의 빈번한 변동이었다. 미국연합 국가들의 파견 대표들이 바뀔 때마다 각 위원회의 구성도 변동될 수밖에 없었다. 연합회의 대표의 임기는 1년이었다. 위원장도 예외는 아니었다. 자주 변동되는 위원들 간의 개인적 갈등, 시기, 편협성, 편견 등도 행정업무의 일관성 유지에 큰 걸림돌이었다. 위원 간의 마찰로 인해 "아무 일도 진행할 수 없다"고 존 애덤스는 불평했다. 행정업무의 권한과 한계에 일관성이 없는 상황에서 위원회의 구성 변동은 큰 차질을 빚을 수밖에 없었다.

이러한 문제를 해결하기 위해 연합회의는 위원회를 상설화하기로 결정했다. 특정 행정업무에 관련된 기존의 임시 위원회들이 하나의 상설 위원회로 통합되었다. 1775년 9월에는 통상위원회, 그리고 같은 해 11월에는 통신위원회(후에는 외무위원회)가 상설 위원회로 출범했다. 2척의 영국선박 나포를 추진했던 위원회는 1775년 10월에 해군위원회로 상설화되었다.

위원회의 상설화에도 불구하고 행정의 효율성은 크게 개선되지 않았다. 상설 위원회도 기본적으로 동일한 내적 결함을 가지고 있었기 때문이었다. 상설 위원회도 임시 위원회와 마찬가지로 연합회의에 지속적으로 보고해야 했고 업무 추진을 위해서 연합회의의 결정을 기다려야 했다.

결국 연합회의는 특정 행정업무에 관하여 포괄적 권한을 갖는 행정부서(executive departments)를 조직하기로 결정했다. 연합회의가 복잡다단한 행정업무를 모두 총괄할 수 없다는 판단에서였다. 사실 대륙군 총사령관 조지 워싱턴George Washington은 이런 결정을 계속 촉구해 왔었다. 워싱턴은 각 행정부서의 수장 자리에 능력 있는 사람을 임용한다면 머지않아 해당 행정업무에 "체계, 질서, 그리고 절약"을 가져올 것이라고 주장했다. 물론 이 결정에 거부감을 표시한 사람들도 있었다. 그들은 행정부서 조직은 장관 개인에게 지나치게 많은 권력과 특권을 부여함으로써 권력이 부패하는 결과를 초래할 것이라고 비판했다.

이런 행정부서중 중요한 하나가 외무부(Department of Foreign Affairs)였다. 미국연합의 외무부는 1775년 9월에 조직된 기밀위원회(Secret Committee)가 그 해 11월에 통신위원회(후에는 기밀통신위원회)로 바뀌었다가 후에 상설 위원회인 외무위원회(1777.4.17. 개칭)를 거쳐 발전한 부서였다. 이 부서는 오늘날 국무부(Department of State)의 전신前身이다.

혁명 초기에 통신위원회는 벤저민 프랭클린Benjamin Franklin 등 혁명의 주요 인물들로 구성되었다. 이 위원회는 혁명 초기에 해외 정보원을 모집하고 여러 첩보활동을 벌이며 혁혁한 업적을 세웠지만, 혁명이 진척되면서 활동이 저하되었다. 외무위원회 시절에는 한때 위원 수가 1명으로 축소되기도 했다.[4] 그러나 1780년에, 초대 연방대법원장이 될 존 제이John

Jay는 하나의 기밀 통신정보가 20개의 상설 위원회만큼 가치가 있다는 주장을 펼치며 외무위원회의 확대를 주장했다.

이에 1781년 1월, 연합회의는 외무부를 창설했다. 그러나 여름이 다 가도록 연합회의 내부의 당파 갈등으로 외무부 장관을 임명하지 못해 출범이 늦어졌다. 드디어 8월에 이르러 연합회의는 로버트 리빙스턴Robert Livingston을 장관으로 임명했다. 존 애덤스는 리빙스턴이 외무부에 "질서와 일관성 그리고 적극성"을 가져올 것이라고 기대했다.

연합회의의 위원회가 복수의 위원들에 의하여 운영되었던 것과 달리, 외무부는 1명의 장관이 책임지고 운영하는 조직이었다. 외무부 장관은 외교사절을 접견하고 해외 첩보원과 통신하면서 기밀정보를 입수하는 업무를 맡았다. 그리고 연방의회 회의에 참석하여 외무 행정업무와 활동을 보고하였다.

그러나 리빙스턴이 이끄는 외무부의 효율성이 신속하게 증대되지는 않았다. 무엇보다도 리빙스턴에 대한 불신이 외무부의 활동을 제약했기 때문이었다. 그의 친프랑스적 성향은 프랑스가 지나치게 미국의 외교정책에 개입하도록 방치한다는 비판의 빌미를 제공했다. 급기야 1783년 6월, 리빙스턴은 뉴욕 사법부의 최고 고위직인 대법관(chancellor)에 오르게 되면서 외무부 장관직을 사임했다. 외무부 장관직은 끊임없는 연합회의 파당 간의 갈등으로 한동안 공석으로 남겨졌다. 그 동안 연합회의 의장이 외무부 장관직을 대행했다.

1785년 초에 이르러 존 제이가 외무부 장관으로 임명되었

다. 초대 연방대법원장이 될 존 제이의 임명은 연합회의의 초
파당적 환영을 받았다. 그는 1778년 연합회의 의장직을 역임
했을 뿐만 아니라 외무부의 전신이었던 기밀통상위원회의 위
원을 역임하여, 연합회의뿐 아니라 외무 분야에 해박한 지식
을 가지고 있는 것으로 높이 평가되었다. 또한 스페인의 전권
공사로 활약하면서 국제외교술을 연마한 것으로 인정되었다.
특히 제이는 친영국적 성향으로 프랑스의 부당한 영향을 배제
하면서 영국과의 전쟁을 가급적 빨리 마무리할 수 있는 적격
인물로 간주되었다.

　제이는 기대에 부응하여 외무부 장관으로 크게 활약했다.
연합회의의 제약에도 불구하고 그는 관련 공무원에 대한 배타
적인 권한을 요구하여 이를 받아냈다. 또한 그는 모든 외무관
련 통신을 연합회의를 거치지 않고 직접 접수하며 모든 해외
첩보원을 직접 통솔하는 권한을 행사했다. 그야말로 제이는
외무 행정을 장악했다. 이런 가운데 여러 외교 업적이 이루어
졌다. 그는 네덜란드, 스웨덴, 프러시아 등과 통상조약을 체결
하고 프랑스제국과 통상에 관한 영사 협정을 맺었으며 스페인
으로부터 미국인의 미시시피강 항해권을 보장받았다.

　이와 같은 제이의 성공적인 활동은 그의 외교 능력뿐 아니
라 연합회의의 간섭을 배제하고 자유롭고 책임감 있게 활동할
수 있었던 여건에 기인하는 것이기도 했다. 영국과의 전쟁이
사실상 끝난 이후 연합회의의 권력이 급감했다는 점을 고려한
다면, 그의 업적은 1명의 행정관이 전적인 권한과 책임을 가

지고 추진하는 행정체계가 얼마나 중요한가를 단적으로 보여주는 것이라 할 수 있다.[5]

더구나 제이는 미국연합헌장의 취약성을 신랄하게 비판하고 강력한 중앙정부의 필요성을 역설함으로써 1787년의 미국연방헌법을 옹호했다. 특히 그는 미국연방헌법의 비준과정에서 연방헌법의 필요성과 정당성을 주장하는 제임스 매디슨과 알렉산더 해밀턴과 함께 연방주의의 대열에 합세했다.

제이의 외무부 장관 경험은 예외적인 것이 아니었다. 재무장관을 역임했던 로버트 모리스Robert Morris도 마찬가지였다. 모리스는 연합회의의 펜실베이니아 대표로서 특히 재정문제에 관해 크게 활약했다. 사실 자금 조달은 연합회의의 최대 과제 중 하나였다. 연합회의는 과세권을 가지고 있지 않았으므로 미국연합 국가들의 자발적인 자금 기부에 의존할 수밖에 없었다. 실제로 연합회의는 대륙군을 위한 원활한 군수물자 공급은커녕 대륙군의 정상적인 유지조차 어려운 재정 상태에 봉착해 있었다.

1781년 5월, 모리스는 재무부 장관직(Superintendent of Treasury)을 수락하면서 붕괴된 공적 신용제도와 부채 상환에 심혈을 기울였다. 그는 재무부 공무원의 임명권을 제외한 재무부 공무원에 대한 전권을 포함하여 재무 행정에 대한 포괄적이고도 배타적 권한을 부여받았다. 적절한 인물을 찾지 못해 해군부의 장관도 겸하게 된 모리스는 이런 배타적 권한 때문에 '독재 권력'을 부여받았다는 비난을 들어야만 했다.

재무부 장관직을 수락한 지 3일 후 모리스는 북미은행(Bank of North America)의 창설을 제안했다. 연합회의는 어떤 미국연합 국가도 북미은행과 유사한 형태의 은행을 설립할 수 없도록 하는데 동의하고, 북미은행의 은행권이 전체적으로 통용될 수 있도록 하였다. 북미은행 설립 반대에도 불구하고 모리스의 제안은 비교적 효과적으로 나타났다. 북미은행의 은행권은 대륙군의 봉급으로 지불되었고 과세 및 일반적인 상거래 교환수단으로 비교적 안정적으로 유통되었다.

군수물자를 조달하는 데 있어서도 재무부의 역할이 두드러지게 나타났다. 재무부와의 입찰계약을 바탕으로 군수물자가 공급되었다. 이러한 입찰계약방식은 그간 미국연합을 괴롭혀 온 부정부패, 군수물자의 공급 지연 및 낭비 문제를 해결할 수 있는 좋은 계기가 되었다. 대륙군 총사령관 워싱턴이 군수물자의 원활한 조달을 위한 모리스의 재무정책을 크게 환영한 것은 예상된 결과였다.

그러나 모리스의 재정확충 노력은 완벽한 성공을 거두지는 못했다. 인플레이션은 계속 되었고 미국연합 국가들은 전쟁수행 노력에 비협조적인 자세로 일관했다. 심지어 연합회의는 미국연합 국가들의 재정적 도움을 확보하기 위해 징발체제를 도입했으나 미국연합 국가들은 배당된 분담액조차 제대로 납부하지 않았다. 1781년에는 연합회의는 재정확충을 위해 수입품에 대해 관세를 부과하려고 했으나, 미국연합의 어느 국가도 이 관세제도를 지지하지 않았다. 관세는 각 미국연합 국가들의 주권 침해로 여겨졌다. 모리스는 관세제도가 실시되지 않는다면 미국연합의 재정확충은커녕 전쟁으로 인한 부채의 이자도 제대로 지불하기 어려울 것이라고 생각하였다.

이러한 정책수행의 난관 속에서 모리스는 계속되는 비난과 반대에 직면했다. 모리스 반대자들을 자극한 것은 주로 모리스에 대한 개인적 불신, 배타적 권력의 소유, 그리고 재정정책 성공에 대한 시기와 질투였다. 그들은 주로 모리스가 과두정치를 획책한다거나 군주제를 지향하고 있다는 식의 수사를 사용하며 모리스의 행정 권력이 공화국의 정신에 부합되지 않는다고 맹렬히 비난을 퍼부었다.

1783년 초, 연합회의는 군부 반란과 군주제 옹립의 위기 속에서 모리스에게 장관직을 계속 유지해 줄 것을 간청했다. 그는 자신의 신용으로 어음을 발행하고 군수물자를 공급했다. 특히 그는 군부 반란의 위기를 넘기기 위해 80만 달러 가치의 개인 신용어음을 발행했다. 그러나 이 위기 속에서도 미국연합 국가들 전체가 제공한 총 전쟁수행기금 액수는 80만 달러보다 훨씬 적었다. 어떤 세입제도도 제대로 갖출 수 없는 미국연합의 정치구조 및 재정구조 속에서 모리스는 자신이 할 수 있는 일이란 더 이상 없다고 판단했다. 그리고 그는 1784년 3월에 사임했다.

"미국 혁명의 재정가(financier)"로 알려진 로버트 모리스는 한동안 펜실베이니아 출신의 구버뇌 모리스Gouverneur Morris의 도움을 받았다. 1781년부터 4년간 구버뇌 모리스는 재무부 차관

(Assistant Superintendent)으로 일했다. 그러나 이들의 재무부 경험은 단순히 연합회의에서 끝나지 않았다. 이들은 필라델피아 제헌회의에서도 함께 일하며 강한 중앙정부와 강한 행정부를 함께 만들었다. 초대 대통령 조지 워싱턴은 로버트 모리스를 초대 재무장관으로 임명하려고 하였으나 모리스는 이를 사양하고 알렉산더 해밀턴에게 그 명예를 넘겨주었다. 대신 그는 연방 상원의원으로 해밀턴의 연방주의적 경제정책을 열렬히 지지했다.

미국연합회의는 일종의 국제기구였다. 연합회의의 참여자인 각 미국연합 국가는 주권을 보유하고 있었고, 연합회의의 권력 확장으로 인한 주권 침해를 두려워했다. 만장일치로 주요 안건을 해결해야 했던 연합회의는 비효율적이었고 현실을 타개할 힘조차 없었다. 전쟁선포권, 조약체결권, 화폐주조권, 인디언 문제 감독권 등 연합회의의 권력은 거의 대부분 대외적인 것이었고, 이것마저도 효율적으로 집행되지 못했다.

무능하고 미약한 연합회의는 미국연방의 헌법과 대통령의 반면교사反面教師로 역할을 하게 되었다. 미국연방의 출범은 연합회의의 무능한 역사를 성찰하여 미국연합 국가들의 주권을 제한해야 한다는 각성이 생긴 연후에야 가능했다. 미국 대통령의 경우도 마찬가지였다. 연합회의의 의장인 '프레지던트'는 명예로운 자리였다. 연합회의의 프레지던트는 그야말로 주권국가들의 모임을 주재하고 사회를 보는 의장이었다. 그러나 그에겐 행정권이 없었다. 그런 프레지던트는 더 이상 필요 없으며 이제는 강력하고 책임감 있는 프레지던트가 절실히 필요하다는 정치적 각성이 생겨난 후에야 대통령의 출현이 가시화되었다.

미국연합에서 행정다운 행정은 그나마 행정부서가 만들어지면서 가능했다. 존 제이의 외무부와 로버트 모리스의 재무부에서 볼 수 있는 것처럼, 한 개인이 해당 행정 권력을 배타적으로 장악하면서 행정을 추진했던 행정부서 시스템은 충분하지는 않았지만 연합회의의 추동력이 되어 주었다. 이들의 사례는 다가올 미국연방헌법과 대통령의 탄생에 긍정적인 역사 경험으로 작용하게 되었다.

미국연합 국가들의 헌법과 최고행정관

   1776년 7월 4일, 13개의 북아메리카 영국 식민지들이 공동으로 독립을 선언했다. 같은 해 6월, 제2차 대륙회의는 벤저민 프랭클린, 존 애덤스, 토마스 제퍼슨 등을 포함한 '5인 위원회'에 독립선언서 기초 작업을 위임했다. 제퍼슨이 독립선언서의 기초 작업을 했으며, 프랭클린과 애덤스가 몇 군데 수정하여 독립선언서 초안을 완성했다. 독립선언서는 6월 28일에 대륙회의에 제출되어 토론과 약간의 수정을 거쳐, 마침내 7월 4일에 채택되었다.

   독립선언서는 13개의 식민지가 모국인 영국과 모든 정치적 관계를 단절하고 "자유로운 독립 국가들(states)"임을 선포했다. 흔히 잘못 알고 있는 것처럼, 미국 독립선언서는 '미국'이 단일국가로서 독립을 선포한 문서가 아니다. 미국의 독립선언은 "13개 아메리카 연합 국가들의 만장일치 선언"이었다.[6]

혁명이 진척됨에 따라 미국연합 국가들은 주권을 명시하고 정부를 구성하기 위해 각각 헌법을 제정했다. 혁명 기간에 총 17개의 헌법이 제정되었다. 일찍이 미국 독립선언서가 채택되기 훨씬 이전인 1776년 1월 5일, 뉴햄프셔는 어느 미국연합 국가보다도 먼저 헌법을 제정했다.[7] 그리고 사우스캐롤라이나, 버지니아, 뉴저지가 그 뒤를 따랐다.[8] 이들 국가의 헌법제정도 미국의 독립선언 이전에 이루어졌다.

미국연합 국가들의 헌법은 여러 형태를 띠었다. 로드아일랜드와 코네티컷의 경우 식민지 인허장(charter)을 거의 그대로 유지하면서 영국 국왕이 언급된 부분 등 불가피한 부분만 수정하여 헌법을 제정했다. 그러나 대부분의 경우에는 인허장과 전혀 다른 형태의 헌법을 제정했다. 또한 어떤 경우에는 시간을 두고 토론과 갈등을 겪으면서 헌법을 천천히 혹은 늦게 제정했다.

이 헌법들은 기본적으로 주권재민의 혁명 원리에 근거하여 작성되었지만, 실제로 모든 시민이 참정권을 향유했던 것은 아니다. 메릴랜드, 버지니아, 매사추세츠와 같은 경우에는 상당한 정도의 재산을 가진 사람에 한하여 참정권이 부여되었던 반면, 펜실베이니아, 뉴저지, 뉴햄프셔와 같은 경우에는 비교적 적은 수준의 재산을 가진 사람들에게도 참정권이 부여되었다. 펜실베이니아의 경우에는 한동안 재산 보유에 관계없이

보편참정권이 인정되었으며, 뉴저지의 경우에는 일정 수준의 재산을 가진 여성에게도 참정권이 부여되었다.[9]

또한 입법부의 경우에도 모든 미국연합 국가들의 헌법이 동일하지 않았다. 메릴랜드, 버지니아, 매사추세츠의 경우에는 양원제를 채택한 반면, 펜실베이니아, 조지아, 뉴햄프셔와 같은 경우에는 단원제를 채택했다.

그러나 양원제이든 단원제이든, 뉴욕과 매사추세츠를 제외한 거의 대부분의 미국연합 국가들은 입법부에 거대한 권력을 부여했다. 이는 식민지의 경험에 따른 결과였다. 영국 국왕 및 식민지 총독의 권력 남용과 부정부패에 대한 식민지인의 혐오감은 미약한 행정부와 강력한 입법부의 권력구조를 갖는 정부형태를 헌법에 규정하도록 했다. 이러한 혐오가 사라지고 행정부의 중요성이 강화된 후에야 균형 있는 권력구조가 출현할 수 있었다. 뉴욕과 매사추세츠가 입법부와 행정부 간의 비교적 균형 있는 권력구조를 가지게 된 것은 이러한 연유에서였다.

흔히 '거버너' 혹은 '프레지던트'라고 불린 최고행정관은 거의 대부분의 경우 입법부에 의해 선출되었다. 일반적으로 최고행정관은 1인으로서 임기는 1년으로 단임이었다. 강력한 행정부에 대한 혐오와 공포는 최고행정관의 임기를 단축시키고 연임을 거부하도록 했다. 특히 조지아는 최고행정관의 임기에 대해 가장 제한적이었는데, 3년에 1년 이상 최고행정관 직을 보유하지 못하도록 규정하였다.

최고행정관은 그야말로 '입법부의 피조물'이었다. 그는 자신의 국정 비전과 정책을 관철하는 정치 주체라기보다는 입법부의 법률을 그대로 시행하는 집행자(the executive)였다. 제퍼슨이 적절히 평가한 바와 같이 그는 행정업무의 '관리자(administrator)'에 불과했다. 입법부는 최상의 정부조직이었던 반면 최고행정관은 입법부의 종속 기구였다. 그야말로 입법부 우월주의의 시대였다.

최고행정관은 그나마 부여된 미약한 권력마저도 일종의 집행평의회(executive council: 국무회의) 내지 국무평의회(council of state)와 공유해야 했다.10) 국무회의는 영국의 추밀원(privy council)과 식민지 총독 정부에 기원하는 기관으로서, 주요 정책에 관하여 최고행정관에게 권고와 동의를 해 주는 통치기관이었다. 국무회의는 로드아일랜드, 코네티컷, 뉴욕을 제외한 나머지 미국연합 국가들에 설치되었다. 국무회의 위원들이 입법부에 의해 선출된다는 점에서 국무회의는 행정부에 대한 입법부의 견제기관이었다. 그러나 국가 정책을 최고행정관과 함께 결정하고 집행한다는 점에서 국무회의는 행정부의 일부였다. 이런 까닭에 버지니아 최고행정관이었던 에드먼드 랜돌프Edmund Randolph는 자신을 "행정부의 한 구성원"으로 정의했고, 어느 유명한 미국혁명사가는 최고행정관을 "집행위원회(executive board)의 의장에 불과"하다고 평가하기도 했다.

최고행정관의 가장 중요한 역할은 입법부가 제정한 법률을 집행하는 것이었다. 따라서 최고행정관이 법안에 관하여 거부권을 갖는다는 것은 당연히 있을 수 없는 일로 간주되었다. 한때 영국 국왕의 대리인으로서 식민지 총독은 법률안거부권을 보유한 바 있었다. 그리고 실제로 사우스캐롤라이나는 최고행정관에게 법률안거부권을 부여한 적이 있었으나, 공화정부의 이상에 걸맞지 않는다는 이유로 이를 폐기하였다.

예외적으로 뉴욕과 매사추세츠는 최고행정관에게 제한적 법률안거부권을 부여했다.[11] 그러나 이들 공화국에서 법률안 거부권이 행사되었더라도 의회 양원의 3분의 2가 찬성하면 해당 법률을 재의결할 수 있었다. 매사추세츠에서는 최고행정관이 단독으로 법률안거부권을 행사하도록 규정했던 반면, 뉴욕에서는 개정평의회(Council of Revision)를 두어 최고행정관과 함께 거부권을 행사하도록 했다. 뉴욕의 최고행정관은 개정평의회의 한 구성원으로 참여하지만 표결권은 갖지 못했고 가부동수를 이룰 때에만 결정투표권을 행사할 수 있었다.

이와 마찬가지로, 어느 미국연합 국가에서도 '입법부의 피조물'인 최고행정관에게 의회해산권이 부여되지 않았다. 공화국의 이상理想 아래, 최고행정관의 헌정적 임무는 법률을 온전히 집행하는 것이었기 때문이었다. 이와 동시에 식민지 시대에 입법부의 해산을 강요했던 영국의 압제 경험이 최고행정관에게 의회해산권을 부여하는 것을 불가능하게 했기 때문이었다.

모든 미국연합 국가에서 의회의 회기는 헌법 혹은 법률에 의해 규정되어 엄격히 준수될 것이 요구되었다. 예외적으로 뉴욕의 최고행정관은 1년에 60일을 넘지 않는 한도 내에서 입법부의 정회를 요구할 수 있었다. 그러나 최고행정관이 의회의 회기에 간섭할 수 있는 추호의 여지도 없었다. 다만 최고행정관은 주요 현안을 해결하기 위해 특별 회기로 의회의 개회를 요구할 수 있었다.

최고행정관의 임명권 역시 입법부에 의해 크게 잠식되었다. 총독이 사적인 이익과 편의를 위해 임명권을 남용했던 식민지 경험 때문에, 최고행정관의 임명권은 입법부의 감시와 견제 대상이 아닐 수 없었다. 임명권이 최고행정관에게만 부여된 매사추세츠는 유일한 예외였다. 일반적으로 입법부가 임명권을 배타적으로 행사했다. 최고행정관과 국무회의가 공동으로 행사하는 경우도 있었다. 심지어 조지아의 경우 국민이 모든 공직자를 선출하기도 했다. 뉴욕의 경우 임명권은 임명평의회(Council of Appointment)에 부여되었는데 임명평의회는 최고행정관과 더불어 해마다 의회가 선출하는 4명의 상원의원으로 구성되었다.

군통수권의 경우에도 예외는 아니었다. 혁명 초기에 미국연합 국가들은 직접 전쟁에 노출되거나 전쟁의 위험 속에 있었다. 따라서 군통수권을 최고행정관에게 부여하는 것은 자연스러운 결정이었다. 그러나 개인에게 군통수권을 배타적으로 부여하는 것은 독재 혹은 군주정으로 나아가는 길을 허용하는 것과 다름없다고 생각하였다. 따라서 최고행정관은 국무회의와 합동으로 군통수권을 행사해야만 했다. 다만 예외적으로 혁명 초기에 국토를 피로 진하게 물들인 뉴욕에서만 배타적으로 최고행정관에게 완전한 군통수권이 부여되었다.

이에 비하여 사면권은 최고행정관에게 상당할 정도로 허용되었다. 뉴욕, 메릴랜드, 사우스캐롤라이나는 사면권을 최고행정관에게 부여했던 반면, 버지니아와 조지아는 사면권을 입법부의 수중에 두었다. 나머지 미국연합 국가들의 경우 사면권은 국무회의의 동의를 얻어 최고행정관이 행사할 수 있도록했다. 그러나 사면권은 일상적으로 사용되는 권력도 아니며 입법부를 견제하거나 제한하는 권력도 아니었다. 더구나 최고행정관에게 사면권은 행정을 주도적으로 집행하는 데 있어 그리 유용한 권력도 아니었다.

미국연합의 국가들은 입법부 우월주의의 권력구조를 가지고 있었다. 각 국가의 최고행정관은 입법부에 심각하게 의존적이었을 뿐만 아니라 입법부를 견제하기 위한 어떤 권력도 가지고 있지 않았다. 견제와 균형이라는 헌정원리는 입법부와 행정부(최고행정관) 간의 관계에는 적용되지 않았다. 입법부의 만능 권력에 대한 견제는 하원에 대한 상원의 견제 정도로만 인식되었다. 그러나 양원이 아닌 경우, 즉 단원제를 채택하고 있는 국가의 경우에는 그마저도 존재하지 않았다.

또한 그나마 최고행정관에게 부여된 권력도 온전히 최고행정관에게 배타적으로 부여된 것이 아니었다. 입법부의 통제 그리고 경우에 따라서는 국무회의의 권고와 동의를 받아야 했다. 혁명과 독립전쟁을 실질적으로 수행해야 했던 최고행정관에게 군통수권조차 전적으로 주어지지 않았다. '미국연방헌법의 아버지'라고 불리게 될 제임스 매디슨은 이러한 상황에서 미국연합 국가들의 최고행정관은 입법부가 제정한 법률의 "암호해독자보다 조금 나을 뿐"이라고 빈정거렸다.

이러한 전반적 추세 속에서 뉴욕과 매사추세츠는 예외적이었다. 두 공화국은 다른 미국연합 국가들에 비하여 최고행정관에게 보다 자율적이며 광범위한 권한을 부여했다. 뉴욕의 경우에는 전쟁의 참혹한 재난을 직접 경험했기 때문이었고, 매사추세츠는 다른 국가들보다 뒤늦은 1780년에 가서 헌법을 제정함으로써 혁명의 경과추이에 대한 비판적 인식을 헌법에 담을 수 있었기 때문이었다.12)

매사추세츠나 뉴욕의 최고행정관은 다른 미국연합 국가들과 달랐다. 그들은 '입법부의 피조물'이 아니었다. 그 권력의 원천은 입법부가 아니라 국민이었다. 특히 1777년의 뉴욕 헌법은 국민이 최고행정관을 직접 선출하도록 규정했다. 더욱이 뉴욕의 최고행정관은 3년의 임기를 누렸고 무제한으로 연임이 가능했다. 그는 입법부의 부당한 압력과 영향력으로부터 근원적으로 벗어나 있었다. 또한 매사추세츠를 포함한 다른 미국연합 국가들과 달리, 뉴욕에는 원천적으로 국무회의가 없었으므로 최고행정관은 국무회의의 일상적인 간섭으로부터 벗어나 행정을 독립적으로 추진할 수 있었다.

그럼에도 불구하고 뉴욕의 최고행정관도 근본적으로 법의 집행자(the execute)였다. 따라서 그에게는 "법률이 그의 최선을 다하여 집행되도록 유의"해야 할 책무가 부여되었으며, 뉴욕

"국가의 상황"에 관하여 입법부에 보고할 책무가 있었다. 뉴욕 헌법에 제시된, 법의 집행자로서의 최고행정관의 책무는 후에 미국연방헌법(제2조 3절)에 거의 그대로 옮겨졌다.

그러나 뉴욕의 최고행정관에게 완전히 독립적인 권력이 주어진 것은 아니었다. 그의 공직임명권은 임명평의회의 '권고와 동의'를 거쳐야 했다. 그럼에도 다른 미국연합 국가들과 비교해 볼 때, 뉴욕의 최고행정관이 공직 임명 과정에서 입법부에 종속되어 있지 않았다는 사실은 적극적으로 평가되어야 한다. 최고행정관이 '권고와 동의'라는 입법부의 견제를 받도록 한 뉴욕의 임명제도는 후에 미국연방헌법(제2조 2절)에 상원의 '권고와 동의'를 의무화한 임명 방식의 선례라고 할 수 있다.

뉴욕과 더불어 매사추세츠도 역시 입법부 우월주의에 입각한 정부운영의 비효율성을 개선하고자 했다. 이를 위해서 매사추세츠는 무엇보다도 주권재민의 원리를 더욱 구체적으로 실천하고 국민에게 직접 헌법 비준을 요구했다. 그러나 그 결과는 참담했다. 1778년 매사추세츠 헌법안이 만들어져 비준을 위해 투표에 붙여졌으나, 국민은 강력한 행정부에 대한 두려움으로 비준을 거부했다.

1780년 그 두려움이 사라지고 나서야 매사추세츠 공화국 (Commonwealth of Massachusetts)의 국민은 강력한 행정부를 두는 데 찬성했다. 그렇다고 해서 매사추세츠 국민이 최고행정관에게 절대적 법률안거부권을 부여할 정도로 지지했던 것은 아니었다. 1780년의 매사추세츠 헌법의 실질적인 기초자였던 존 애덤스는 입법부의 막강한 권력과 간섭으로부터 자신을 보호하기 위해서 절대적 법률안거부권이 최고행정관에게 부여되어야 한다고 역설했다. 그러나 애덤스의 제안은 받아들여지지 않았다. 그 대신 매사추세츠 제헌회의 대표들은 의회 양원 3분의 2가 찬성하는 경우에는 해당 법안을 재의결할 수 있도록 하는 타협안을 지지했다. 이러한 타협의 결과는 미국연방헌법 (제1조 7절)의 내용과 근본적으로 차이가 없다.

최고행정관의 위상과 관련하여 국민과 최고행정관의 관계에서 더욱 중요한 발전이 이루어졌다. '입법부의 피조물'로 간주되어 왔던 최고행정관은 매사추세츠 제헌회의를 거치면서 '전체 국민의 유일한 대표자'로서 상징화되기 시작했다. 입법부는 의회 선거구로 구분된 국민의 일부에 의해 선출되지만, 최고행정관은 전체 국민이 직접 선출하는 유일한 대표자라는 것이었다. 절대적 법률안거부권 등의 강력한 권력을 최고행정관에게 부여해야 한다는 애덤스의 제안도 바로 이 논리에 입각하여 제시되었다.

뉴욕과 매사추세츠의 헌법 제정을 거치면서 바람직한 정부 형태가 입법부 우월주의에 기초한 정부에서 균형정부(balanced government)로 옮아가고 있었다. 이러한 전환은 기본적으로 입법부 중심의 정부 운영의 비효율성과 권력남용에 기인했다. 의회의 회기는 1년 내내 지속되지 않았으며, 특히 하원은 1년 임기(사우스캐롤라이나는 2년)로 그 구성원이 계속 바뀌었다. 더구나 때로 혁명과 전쟁으로 인해 의회는 정해진 일정을 준수할 수 없었다. 경우에 따라서 의회는 다른 곳으로 피신하여 지정된 장소가 아닌 곳에서 속개해야 했다. 심지어는 개회 그 자체가 무산되기도 했다. 안정성과 연속성을 상실한 의회가 지속적으로 국정에 참여하며 최고행정관을 견제하거나 통제하기란 그리 쉬운 일이 아니었다.

오히려 혁명과 전쟁의 긴박한 현실 속에서 최고행정관은 헌법상으로 권력이 미약했지만 현실정치에서는 종종 강력한 권한과 책임을 가지기도 했다. 특히 전쟁이 남부에서 펼쳐지면서, 남부에 있는 미국연합 국가들은 최고행정관에게 포괄적인 비상대권을 부여했다. 1777년 2월 조지아의 의회는 최고행정관에게 "모든 행정 통치권력"을 부여했다. 1년 후, 조지아는 최고행정관이 필요하다고 판단하면 국무회의의 조언 없이 가장 적절한 것으로 판단되는 정책을 수행해도 좋다는 포괄적인 권력을 위임했다. 또한 1780년 사우스캐롤라이나의 입법부는 "재판 없이 목숨을 빼앗는 것을 제외하고 공공선을 위해 필요한 모든 일을 할 수 있는" 포괄적인 권한을 최고행정관에게 부여하기도 했다.

최고행정관이 단순히 시대적 상황으로부터 도움을 받은 것만은 아니다. 사실 그들 모두가 입법부의 법률을 그대로 추종했던 '피조물'이 아니었다. 그들 중 상당수는 전국적으로 가장 덕망이 있고 뛰어난 인물들이었으며 어려운 여건 속에서도 국정을 훌륭하게 운영했다. 뉴욕의 조지 클린턴George Clinton, 매사추세츠의 존 핸콕John Hancock과 제임스 보도인James Bodoin,

코네티컷의 조나산 트럼불Johnathan Trumbul, 펜실베이니아의 벤저민 프랭클린Benjamin Franklin, 조지프 리드Joseph Reed, 그리고 존 디킨슨John Dickinson, 뉴저지의 윌리엄 리빙스턴William Livingston, 메릴랜드의 토마스 존슨Thomas Johnson, 버지니아의 패트릭 헨리Patrick Henry와 벤저민 해리슨Benjamin Harrison, 사우스캐롤라이나의 존 러트릿지John Rutledge 등 여러 유능한 최고행정관이 활약했다.

이 가운데에서 가장 주목할 만한 최고행정관은 뉴욕의 조지 클린턴이다. 후에 제퍼슨과 매디슨 대통령 시절에 부통령을 하기도 했던 클린턴은 뉴욕 헌법이 제정된 1777년부터 1795년까지 무려 18년간 최고행정관을 역임했다.[13] 뉴욕 국민에 의해 6차례에 걸쳐 최고행정관으로 선출된 클린턴은 과감히 입법부 권력을 견제했다. 그는 혁명 기간 중에 무려 61개의 법률안을 거부했다. 클린턴은 너무나도 바쁘고 도와주는 사람이 없어 "친구들에게 편지를 쓸 시간조차 없다"고 불평하기도 했지만, 역설적으로 그 정도로 열심히 최고행정관 업무를 추진했다.

또한 워싱턴과도 절친한 친구이기도 했던 클린턴은 대륙군과 긴밀한 협력을 통해 혁명전쟁을 수행했다. 클린턴은 최고행정관으로서 자신에게 부여된 헌법상 책무인 대외적(외교적) 관계를 성공적으로 수행했다. 그는 꾸준히 미국연합 및 다른 국가들과 함께 혁명전쟁을 수행했다. 연합회의의 입장에서도 최고행정관은 국가수반으로서 가장 적절한 협력 상대자였다.

거의 모든 최고행정관들은 클린턴처럼 대륙군에 복무한 경험이 있거나 각 공화국의 대표로서 연합회의에 참여한 경력이 있었던 국가적인 인물들이었다. 이러한 점에서 최고행정관은 배타적인 주권의 수호 문제로 갈라져 있던 미국연합 국가들을 연결시켜 주는 역동적인 동맥動脈이기도 했다.

뉴욕의 클린턴처럼, 미국연합 국가의 몇몇 최고행정관들은 1년 임기 조항에도 불구하고 여러 차례 재선되거나 연임하였다. 혁명전쟁이 진행되는 동안 미국연합 국가들의 최고행정관은 주로 개인적인 명망과 능력으로 선출되었다. 그리고 재선은 곧 그들의 우수한 행정 능력을 다시 한 번 확인하는 의미를 지니는 것이었다. 뉴저지의 리빙스턴과 코네티컷의 트럼불도 혁명 기간 내내 최고행정관의 자리를 지켰으며, 유능한 정치인들은 3년 혹은 6년씩 최고행정관을 역임했다. 12년간 15명의 최고행정관들이 존재했던 조지아가 오히려 예외적인 경우였다.

이처럼 유능한 최고행정관 개인들은 식민지 경험에서 비롯된 국민들의 행정부에 대한 공포와 혐오감을 제거하는데 지대한 공헌을 했다. 그들은 전시에 막강한 권력이 주어졌음에도 불구하고 대체로 권력을 남용하지 않고 절제했다. 또한 그들은 혁명전쟁을 성공적으로 수행하는 리더십을 발휘함으로써 역사적 소임을 성취하였고 1인의 최고행정관에 대한 국민의 긍정적 태도를 향상시켰다. 따라서 헌법을 개정하는 경우나 뒤늦게 헌법을 제정하는 경우에 최고행정관의 독립성과 효율

성에 대한 긍정적 태도가 자연스럽게 반영되었다. 그리고 그
행정권은 입법부의 견제권력으로서 그리고 균형정부의 이상
을 실현하는 권력으로 간주되기 시작했다.

혁명전쟁의 혼란과 위기 속에서 몇몇 최고행정관은 강력한
행정수반의 필요성을 정당화하는 좋은 사례가 되었다. 그들은
헌법상의 한계에도 불구하고 때로 입법부의 강력한 지지 속에
서 일관성과 효율성을 가지고 국정을 추진했다. 각 국가의 헌
법이 규정하고 있는 것과 달리 현실의 최고행정관은 단순히
'입법부의 피조물'이 아니었다. 위기와 혼란이 거듭되고 있는
상황 속에서 그들은 입법부를 대신하여 국가에 정치적 지속성
과 안전성을 제공하는 희망希望의 닻이었다. 동시에 그들은
미국연합의 국가들을 하나의 정치적·역사적 단위로 묶어주는
통합統合의 연결고리로 작용했다. 만일 연합적 차원에서 가공
할 만한 위험과 위기가 도래하게 되면, 미국연합은 미국연합
국가들의 최고행정관과 같은 강력한 리더십을 요청하게 될 것
이었다.

필라델피아 제헌회의

영국과의 독립전쟁은 종식되었으나 혁명은 여전히 미완의 상태였다. 군주제를 폐지하고 공화정을 건설했으나, 신생 공화국은 아직 걸음조차 제대로 걷지 못하고 있었다. 미국연합은 대내적으로는 경제공황으로 들끓었고 대외적으로는 영국 및 스페인과의 분쟁에 대한 해결의 실마리조차 찾지 못했다.

파리조약(1783)으로 영국과 평화관계를 회복했지만, 여러 국제분쟁이 해결되지 않은 채 계속되었다. 영국은 오대호 주변에 여전히 군대를 주둔시키고 있었고 징발해 간 노예에 대한 배상을 지체하고 있었으며 북부의 국경문제로 갈등을 계속 야기하고 있었다. 미국연합은 존 애덤스를 영국에 보냈으나 아무런 성과를 거두지 못하였다.

또한 영국으로부터 플로리다를 양도받은 스페인은 미국과 국경문제로 갈등을 빚으며 미시시피 강의 항해권을 제한하려 했다. 미국은 플로리다를 스페인 영토로 인정하는 대신 미시시피 강 항해권을 20년간 인정받는 데 합의했다. 그러나 남부 국가들은 막대한 경제이권이 결부되어 있는 미시시피 강의 항해권을 포기할 수 없다며 조약의 비준을 거부했다.

대외문제에서 뿐만 아니라 대내문제에서도 미국연합의 무능과 비효율성으로 사회적 위기가 심화되고 있었다. 엄청난 부채를 짊어지고 있었던 연합회의는 상환능력을 잃고 있었다. 전쟁이 끝난 상황 속에서 미국연합 국가들이 연합회의에 자발적으로 자금을 지원해 줄 것이라는 기대는 더욱 희박해져 갔다. 그러나 전시에 발행한 공채의 상환 시기는 점점 다가와 연합회의의 목을 죄고 있었고, 밀린 봉급을 받지 못한 제대군인들은 오랫동안 찌든 가난에 쫓겨 반란에 가담하기 시작했다.

미국연합의 경제상황을 타개하기 위해 제임스 매디슨은 버지니아 의회를 설득하여 미국연합 통상회의를 개최하였다. 그러나 1786년 메릴랜드의 아나폴리스Annapolis에서 열린 이 회의는 실망스러운 것이었다. 겨우 5개국만이 참석했다. 뉴욕 대표로 참석한 알렉산더 해밀턴Alxander Hamilton은 다음 해 5월에 필라델피아에서 모든 미국연합 국가들의 대표가 참석하여 "연방의 위급한 상황에 알맞은 연방정부의 헌법을 제출하는" 방법을 논의하자고 제안했다. 비록 해밀턴의 제안이 채택되긴 했지만 연합회의는 냉랭한 반응을 보였다.

1786년 미국 사회의 상황은 급격히 악화되고 있었다. 로드 아일랜드가 발행한 지폐는 15분 1의 가치로 평가절하 될 정도로 경제가 악화되었다. 이뿐만 아니었다. 버지니아, 메릴랜드, 뉴햄프셔, 델라웨어 등지에서 작은 반란과 폭동이 발생했으며, 심지어 노스캐롤라이나에서는 프랭클린 공화국(State of Franklin)을 세우려는 분리운동까지 일어났다.

그리고 아나폴리스 회의가 개최되기 직전 매사추세츠의 노샘프턴Northampton에서 미국혁명의 전쟁 영웅 데니얼 셰이즈 Daniel Shays 대령을 중심으로 반란이 일어났다. 이 셰이즈의 반란은 조지 워싱턴을 비롯한 혁명 지도자들에게 공포와 위기의식을 확산시켰다. 약 2000~3000명 정도의 무장한 불평분자들이 반란군을 조직했다. 그들은 아직 무엇을 감행할지 분명한 계획을 가지고 있지 않았다. 그러나 당시 미국연합의 전쟁부 장관이었던 헨리 녹스Henry Knox는 약 1만2000~1만5000명의 반란자들이 결집하여 보스턴을 거쳐 매사추세츠 은행을 강탈하고 뉴햄프셔와 로드아일랜드에서 추가 반란군을 규합하여 남하할 것이라고 과장하여 경고했다. 녹스의 보고서는 워싱턴을 비롯한 여러 혁명 지도자들에게 회람되고, 급기야 강력한 중앙정부 수립의 시급성이 대두되었다.

셰이즈의 반란 덕분에 필라델피아 회의는 갑자기 불가피한 회의로 격상되었다. 셰이즈의 반란 소식이 들려오기 이전에는 겨우 7개의 미국연합 국가만이 참여 의사를 밝혔다. 그러나 그 이후인 1787년 2월 21일, 마침내 연합회의도 필라델피아

회의 소집을 승인하고 미국연합의 국가들에게 참여를 권고했다. 이 권고는 강제적인 것이 아니었다. 그러나 다른 미국연합 5개국도 기꺼이 대표 파견을 결정했다. 미국 사회의 혼란과 위기는 강력한 중앙정부와 위대한 지도자를 필요로 했다.

1787년 여름, 55명의 대표들이 필라델피아에 모여 미국헌법을 제정했다. 이 헌법은 미국을 근본적으로 변화시켰다. 미국은 더 이상 주권국가들이 모인 일종의 국제 조직인 미국연합이 아니었다. 미국은 명실상부한 중앙정부를 가진 하나의 국가가 되었다. 그러나 그 국가의 형태는 단순한 단일국가가 아니었다. 그것은 연방 조직을 가진 일종의 연합체적 성격을 가진 것으로, 주권은 연방 차원과 주 차원으로 분할되었다.

필라델피아 제헌회의에는 12개의 미국연합 국가들로부터 총 55명의 대표들이 참석했다. 영국으로부터 독립한 식민지는 모두 13개였지만, 로드아일랜드는 불참했다. 한 국가에서 2명의 대표가 참석하기도 했고 어떤 경우에는 그보다 많은 수의 대표가 참석하기도 했다. 그러나 미국연합체제 아래에서 성회되었기 때문에, 제헌회의에서 표결할 때는 대표의 참석인원수에 상관없이 국가당 1표가 인정되었다. 이 같은 표결방식은 연합회의와 마찬가지로 국가의 크기와 재산 혹은 인구수와 상관없이 미국연합 국가들은 동등하다는 인식의 결과였다.[14] 그러나 연합회의의 표결방식과 달리 만장일치의 방식이 아니라 다수결 방식을 채택하여 진행되었다.

제헌회의 대표들은 기본적으로 기존 미국연합의 무능한 체제에 불만을 공유하고 있었다. 그들은 강력한 중앙정부 등 미국의 정치체제에 극적인 변화가 반드시 필요하다고 믿었다. 그러나 매사추세츠의 새뮤얼 애덤스Samuel Adams, 버지니아의 패트릭 헨리와 헨리 리Henry Lee, 뉴욕의 조지 클린턴 등은 제헌회의의 목적에 동조하지 않았기 때문에, 이들은 대표 선출에도 나서지 않았다. 대표 선출 과정에서 강력한 중앙정부의 수립에 적극 반대하는 사람들이 자연스럽게 제외된 것이었다. 따라서 필라델피아 제헌회의는 권력구조에 대해 어느 정도 공감대를 가지고 있는 인물들이 참여하게 되었다.

55명의 대표들이 강력한 중앙정부의 필요성을 열렬히 지지한 것은 그들의 공통적인 혁명경험 때문이었다. 그들 가운데 42명이 연합회의에 국가 대표로 참가했고 21명은 혁명전쟁에 참가했으며 8명은 독립선언서에 서명을 했던 인물이었다. 또한 상당수가 출신 국가의 헌법 제정에 깊이 관여한 경험을 가지고 있었다. 그리고 이들은 대체로 젊었다. 이들의 평균 나이는 42세로, 벤저민 프랭클린이 최고령자(81세)였다. 제헌회의의 주도적 인물이었던 매디슨은 36세였고, 대통령제의 탄생과 관련하여 적극 참여한 찰스 핑크니Charles Pinckney는 29세, 제임스 윌슨James Wilson은 36세, 그리고 구버너 모리스는 35세였다.

55명의 대표들 모두가 제헌회의의 처음부터 끝까지 참석했던 것은 아니다. 이 중 29명의 대표만이 그렇게 했다. 나머지 26명은 각 국가의 대표선출과정이 늦어져 제헌회의에 뒤늦게 참석했거나 질병, 개인적인 불만과 사업, 출신 국가의 공무 등으로 일찍 자리를 떠났다. 따라서 필라델피아 제헌회의는 대체로 30명에서 40명의 대표들이 참석한 가운데 진행되었다.

필라델피아 제헌회의는 크게 두 가지의 큰 목표를 가지고 진행되었다. 하나는 강력한 중앙정부 구축이었다. 강력한 중앙정부는 무엇보다도 강력한 입법부의 건설을 의미했다. 이는 혁명기 미국연합회의의 한계와 무능에서 비롯된 것이다. 그러나 미국연합 국가들의 사례에서 볼 수 있듯이 강력한 국정운영을 위해서는 입법부만으로는 부족했다. 미국연합 국가들의 최고행정관들이 증명해 주었듯이 강력한 행정권을 가진 최고행정관도 필요했다. 그리고 정부 권력을 적절히 분배하면서도 상호간에 견제와 균형을 이루도록 해야 했다.

둘째의 목표는 제헌회의를 중도에 포기하는 불상사 없이 끝까지 성공적으로 마치는 것이었다. 이를 위해서는 미국연합 국가들 사이에 일종의 합의와 타협이 필요했다. 아나폴리스 회의에서 볼 수 있듯이, 여러 측면에서 미국연합 국가들은 상충되는 이해관계를 가지고 있었다. 각 국가 크기에 비례한 대표 문제, 노예제 문제 등에서 그러했다.

그래서 제헌회의 대표들은 원리원칙을 고수하면서도 어느 정도 유연하게 타협점을 찾으려고 노력했다. 표결로 결정된 문제도 다시 상정하여 토의를 했다. 또한 권력구조의 한 측면이 결정되면 다른 측면들과 상호간에 정합성을 가지는지에 대해 토론했다. 그리고 필요하다면 그 문제를 다시 결정하는 절차를 밟았다. 그렇기 때문에 제헌회의는 사안에 따라서 진척되지 못하고 제자리에서 맴돌거나 심지어 이전 논제로 다시 돌아가기도 했다. 그러나 이러한 유연한 태도와 분위기는 필라델피아 제헌회의를 설득의 장으로 만드는 데 기여했다.

특히 미국연방의 최고행정관, 즉 대통령을 창안하는 데 있어 워싱턴의 덕성德性이 크게 작용했다. 제헌회의에 참석했던 모든 대표들은 제1대 대통령으로 워싱턴을 염두에 두고 있었다. 워싱턴은 대륙군의 총사령관으로 전쟁을 승리로 이끌어 독립을 현실화했다. 또한 워싱턴은 여러 번에 걸친 군주제의 음모와 왕위 옹립의 유혹 속에서도 전혀 흔들림 없이 공화국의 이상을 수호했다. 뿐만 아니라 그는 혁명전쟁이 끝나자 곧바로 모든 공직에서 물러나 고향으로 되돌아갔다. 이러한 이유로 그는 권력의 탐욕으로부터 벗어난 정직하고 성실한 정치인이라 추앙받았다. 더구나 워싱턴에게는 친아들이 없었으므로 세습의 우려도 없었다. 제헌회의 대표들에게 워싱턴은 공화국의 현현 그 자체였다.

워싱턴이 '의장(president)'으로 주재한 필라델피아 제헌회의는 크게 일곱 시기로 구분된다.

첫 번째 시기는 개회를 하고 회의진행 규정을 결정한 시기다. 원래 아나폴리스 회의의 제안에 따르면 1787년 5월 14일에 회의가 개최될 예정이었다. 그러나 당일에는 버지니아와 펜실베이니아 대표만이 참석했다. 국가별 대표선출의 지체 등으로 대표들이 아직 도착하지 않아 개회 성원이 충족되지 않았다. 그래서 연기된 회의는 7개 국가의 대표가 참석한 5월

25일에서야 개회할 수 있게 되었다. 그 다음 주 월요일인 5월 28일과 29일에는 회의를 어떻게 진행할 것인지에 대한 토의와 결정이 이루어졌다. 허심탄회하게 의견개진을 하고 국민들의 오해를 차단하기 위해 회의 내용을 기밀로 한다는 회의진행 규정도 이때 결정되었다.

둘째 시기는 전원위원회(committee of the whole)의 시기로, 5월 29일부터 6월 19일에 해당한다. 이 시기에는 여러 헌법안이 제시되었다. 대표적인 헌법안으로는 버지니아의 제임스 매디슨이 작성하고 에드먼드 랜돌프가 제헌회의에 제출했던 '버지니아 안(Virginia Plan)'과 사우스캐롤라이나의 찰스 핑크니가 작성하여 제출한 '핑크니 안(Pinckney Plan)' 그리고 뉴저지의 윌리엄 패터슨William Paterson이 제출한 '뉴저지 안(New Jersey Plan)' 등이 있었다.15) 버지니아 안과 핑크니 안은 5월 29일에 제출되었던 반면, 뉴저지 안은 버지니아 안에 자극받아 6월 15일에 제출되었다.

매디슨이 작성한 버지니아 안은 미국연방헌법의 토대와 골격을 제공했기 때문에, 일반적으로 매디슨을 '미국 헌법의 아버지'라고 부른다. 버지니아 안은 연방의 우월성을 기조로 하여 3부로 이루어진 정부형태를 제안했다. 그러나 버지니아 안은 의회우월주의에 입각한 것으로, 혁명 초기 일반적인 미국 연합 국가들의 헌법을 대폭 수용한 것이었다. 버지니아 안에 따르면 양원제의 입법부는 모두 인구비례로 구성되는데, 입법권뿐만 아니라 외교정책을 수행하고 판사를 포함한 공직임명권을 가지며 행정수반을 선출한다. 제출된 버지니아 안은 행정수반의 인원수, 권한, 임기 등에 관하여 명확하게 입장을 밝히지 않았다. 버지니아 안은 예외적으로 대통령의 권한 중 법률안거부권과 관련하여 다소 명확한 입장을 가지고 있었다. 버지니아 안은 뉴욕 헌법과 유사하게 개정평의회를 두고 법률안을 거부할 수 있도록 하고 개정평의회에는 행정수반과 연방 사법부의 법관 일정 수가 참여하도록 했다. 요컨대, 대통령제의 탄생과 관련하여 버지니아 안은 직접적으로 큰 의미가 없다.

버지니아 안이 규모가 큰 국가의 이해를 반영하는 안이었다면, 뉴저지 안은 작은 국가의 이해를 반영한 것이었다. 뉴저지 안은 새로운 형태의 헌법안을 제시했다기보다는 미국연합 헌장을 토대로 수정하여 만든 것이었다. 뉴저지 안은 양원제가 아니라 단원제, 그리고 인구비례가 아니라 국가별 동등대표원칙에 의해 1표씩 부여되는 정치체제를 제안했다. 그리고 복수의 최고행정관을 제안했던 뉴저지 안은 미국연합처럼 복수의 위원회를 중심으로 하는 행정부를 구상했다. 최고행정관은 단임으로 입법부에서 선출되며 미국연합 국가들의 최고행정관 과반수의 요구로 입법부에 의해 해임될 수 있었다.

대통령제의 탄생과 관련하여 버지니아 안과 뉴저지 안보다 훨씬 더 중요한 헌법안은 핑크니 안이다. 대통령제의 주요 구조는 핑크니 안에서 유래했다. 핑크니 안은 주로 뉴욕 헌법과 매사추세츠 헌법에서 기본적인 아이디어를 구했다. 3부의 정부형태를 지향하는 핑크니 안은 행정수반을 1인으로 하되 7년의 임기를 갖도록 하고 의회 양원의 합동 투표로 선출하는 방식을 제시했다. 핑크니 안의 행정수반은 입법부가 제정한 법률을 수행하며 연방의 상황을 수시로 입법부에 알리고 입법부에 법률을 권고할 수 있는 책무가 있다. 또한 그는 공직임명권 및 정직권停職權, 군통수권을 가지며 여러 행정부서의 장으로부터 조언을 받을 수 있다. 그리고 뉴욕 헌법과 마찬가지로 행정수반이 일원으로 참여하는 개정평의회를 두어 법률안거부권을 행사하도록 했다.

이러한 내용을 골자로 하는 핑크니 안은 대통령 관련 부분에서 미국연방헌법의 제정에 큰 영향력을 발휘했다. 핑크니 안은 제출한 처음부터 미국연방헌법이 최종적으로 마련되기까지 그리고 헌법 서문에서 마지막 조항에 이르기까지 좋은 기초자료가 되어 주었다. 특히 대통령제 문제에 관하여 버지니아 안보다도 더 광범위하게 실질적인 영향력을 끼쳤다. 그러나 전원위원회에는 버지니아 안을 토대로 토론을 진행하며 헌법 초안을 만들어 나갔다.

셋째 시기는 제1차 축조심의 시기로 6월 20일부터 7월 26일이 이에 해당한다. 이 시기에는 전원위원회에서 결정된 내용을 조항별로 토론했다. 이 기간에 연방의회의 구성에 관한 중요한 타협이 이루어졌다. 상원은 기존의 미국연합 체제에서 인정되었던 것처럼 국가별로 동등하게 2명의 대표를 선출하여 구성하되 상원의원은 개별적으로 투표하고 하원은 새로운 형태, 즉 인구에 비례한 의석수에 따라 대표를 선출하여 구성한다는 내용의 타협이었다. 기존의 연합회의의 구성방식과 비교한다면, 이는 인구수가 많은 큰 국가의 이해가 더 많이 반영된 것이라 할 수 있다. 그러나 연합회의가 일종의 국제 기구였던 반면, 연방의회는 연방 체제라고는 하지만 한 국가의 입법부였다.

넷째 시기는 세부항목위원회(Committee of Detail) 시기로서, 7월 26일부터 8월 6일까지이다. 이 기간에는 다섯 명으로 구성된 세부항목위원회가 제헌회의의 결정 내용을 토대로 헌법안과 결의안 등을 가지고 통치구조안을 작성했다. 이 통치구조안은 최종적인 헌법안과 상당히 달랐지만 기본적인 틀을 제공했다는 점에서 중요한 역사적 의미가 있다.

특히 행정수반과 관련하여 세부항목위원회는 세 가지의 중요한 결정을 내렸다. 첫째, 행정수반을 '대통령(president)'이라는 이름으로 호칭하기로 했다. 이후 행정수반에 관련한 거의 모든 논의가 대통령이라는 이름으로 이루어졌다. 둘째, 대통령에게 행정권을 부여한다는 것을 분명히 했다. 대통령은 입법부로부터 행정 권력을 위임받는 것이 아니라 헌법 자체로부터 행정 권력을 부여받음으로써 헌법상 대통령의 독립성을 보장했다. 이제 헌법에 명시되는 대통령의 모든 권한은 헌법으로부터 유래하는 것이므로 헌법을 개정하지 않는 한 침해받지 않을 것이었다. 셋째, 대통령의 권한을 일반론적으로 부여하지 않고 포괄적이면서도 명확하게 열거하여 부여하기로 했다. 이전에는 행정수반의 권한을 '연방 법률을 집행할 권한'이라는 식으로 일반적으로 규정했는데, 세부항목위원회는 대통령 권력의 한계를 분명히 하면서도 포괄적으로 부여하려고 했다.

다섯째는 제2차 축조심의 시기로서, 8월 7일부터 8월 31일까지 이르는 시기다. 이 시기에는 세부항목위원회가 제출한 헌법초안을 토대로 조문별로 토론과 검토를 거쳤다.

여섯째는 연기안건위원회(Committee on Postponed Matters) 시기로, 8월 31일부터 9월 8일에 이르는 시기다. 이 위원회는 미국 연합 국가들의 대표 1인씩으로 구성하였는데, 여기에 선택된 위원들 중 과반수가 구버뇌 모리스, 제임스 매디슨 등과 같이 대통령의 강력한 권한을 지지하는 사람들이었다. 이 위원회에서는 축조심의과정에서 논란이 거듭되어 결론에 도달하지 못했던 쟁점들을 중심으로 토론과 결정이 이루어졌다.

연기안건위원회에서 결정한 사안 중 가장 중요한 것은 대통령 선출방식이다. 이것은 축조심의과정에서 이미 결정된 것으로 연기안건위원회에 상정되지 않은 사항이었다. 그러나 구버뇌 모리스는 위원회의 직권으로 이를 상정하고 논의하여 결정했다. 이전에 결정된 안은 입법부가 7년 단임으로 대통령을 선출하는 것이었지만, 연기안건위원회는 오늘날 우리가 알고 있는 선거인단에 의한 대통령 선출방식을 채택했다. 대통령을 입법부가 선출하는 경우 대통령이 입법부에 종속적인 기관이 되지 않을까 하는 두려움, 그리고 대통령이 입법부를 제대로 견제할 수 있을까 하는 염려가 대두되었기 때문이었다.

이와 동시에 연기안건위원회는 대통령의 임기를 7년에서 4

년으로 변경하고 묵시적으로 연임이 가능하도록 했다. 원래 축조심의과정에서 7년 단임으로 한 것은 대통령에 대한 입법부의 영향을 최소화하기 위한 방안이었다. 그러나 선거인단 선출방식으로 변경함으로써 대통령에 대한 입법부의 영향을 원천적으로 배제할 수 있게 되었기 때문에, 임기를 단축하고 연임 가능하도록 함으로써 대통령의 책무성을 강화시켰다. 그리고 대통령이 될 수 있는 자격을 결정하였다.

또한 연기안건위원회는 국무회의 설치 조항을 삭제했다. 이는 국무회의가 대통령의 효과적인 국정운영에 걸림돌이 될 수 있다는 판단 때문이었다. 대통령은 필요하다면 언제나 행정부서의 장으로부터 관련 업무에 대한 의견을 청취할 수 있기 때문에 굳이 국무회의를 설치할 필요가 없다는 것이었다.

연기안건위원회에 회부된 대통령 관련 안건은 대통령의 탄핵, 계승, 조약체결, 대사와 법관의 임명에 관한 것이었다. 탄핵 심판은 연방대법원에서 하기로 했던 것을 연방 상원으로 변경했으며 탄핵 사유에서 '부정부패'를 삭제했다. 또한 조약 체결은 상원이 담당하기로 했던 것을 대통령이 할 수 있도록 하면서 상원 3분의 2의 조언을 들어야 하는 조건을 달았다. 대사 및 법관 임명에 관해서도 의회가 아니라 대통령이 할 수 있도록 변경하면서 상원의 동의를 구하도록 규정하였다.

마지막 시기는 최종조정기로서, 9월 9일부터 9월 17일까지의 기간이다. 이 기간에 문체위원회(Committee of Style)를 두어[16] 미국연방헌법의 최종 문안을 교정하는 한편, 조항 배치 순서를 최종적으로 결정했다. 헌법 조문의 문장 구조를 정교하게 다듬고 중복되는 구문을 수정했다. 또 위원회는 헌법수정절차 등 미결 사항을 마무리 지었다. 그러고 나서 문체위원회는 9월 12일 제헌회의에 최종보고서를 제출했다.

대통령의 권한과 관련하여 문체위원회가 실질적으로 변경한 부분은 법률안 거부권에 관한 것이었다. 문체위원회는 대통령이 거부한 법률안에 대하여 의회 양원이 재의결할 수 있는 정족수를 4분의 3에서 3분의 2로 하향 조정함으로써 과도한 대통령의 권한을 축소했다.

마침내 9월 17일에 각국 대표들은 미국연방헌법에 서명을 했다. 이는 2일 전의 최종투표결과에 따른 것이었다. 서명일에 42명의 대표가 참석했지만 이 중 3명이 서명을 거부하고 나머지 39명이 서명을 했다. 그리고 헌법은 비준을 위해 각 국가에 발송되었다. 13개 국가 중 3분의 2에 해당하는 미국연합 9개국이 비준을 하게 되면 헌법이 효력을 발휘하도록 했다. 델라웨어가 그 해 12월 7일에 비준을 한 것을 시작으로 9번째로 뉴햄프셔가 1788년 6월 21일에 비준을 마쳤다.

비로소 미국연방헌법이 발효되었다. 이로써 연방헌법을 비준한 미국연합의 국가(state)는 미국연방의 한 주(州, state)로 편입되었다. 그러나 미국의 영구적 생존 여부를 결정할 만큼 중요한 버지니아와 뉴욕은 뒤늦게 10번째와 11번째로 1788년 6월 25일과 7월 26일에 비준을 마쳤다. 이제 미국연방헌법과 대통령제는 역사 속에서 견고히 발전하게 될 것이었다.

대통령제 만들기

이제 필라델피아 제헌회의에서 대통령제가 구체적으로 어떻게 창안되었는지 살펴볼 차례다. 제헌회의 대표들 앞에 놓인 역사적 사례는 군주제, 공화제, 민주제였다. 그들은 식민지 시대에 자신의 자유와 권리를 억압하고 박탈한 국왕의 권력남용과 폐해를 경험했다. 때문에 그들은 군주제로 회귀할 의사가 전혀 없었다.

그들은 국민주권을 신뢰했다. 그러나 국민주권을 현실정치에 그대로 실천할 만큼의 용기가 없었다. 모든 국민들에게 참정권을 부여하고 공직에 나가게 할 수는 없었다. 시민혁명을 이끌었던 그들의 눈에도 노예와 여성은 참정권을 가지고 독립적으로 정치적 의사를 피력할 만큼 성숙한 인간이 아니었다.

여성은 미국 사회의 시민이었지만 그 사회를 구성하고 있다는 점에서 시민이었을 뿐, 참정권과 공직참여권을 향유할만한 존재는 아니었다. 독립선언서에 "모든 인간은 태어나면서 평등하다"고 말했지만, 그것은 추상적이며 이상적 의미에서 '출생'시의 평등일 뿐이었다. 현실은 달랐다.

제헌회의 대표들은 공화제를 선호했다. 그들은 현실정치에서 외부의 강압에 좌우되지 않고 자신의 정치적 견해를 피력할 수 있는 시민들에 한하여 참정권과 공직참여권을 부여함으로써 공화국을 건설하고자 했다. 자신의 덕성(virtu)으로 헛된 권력욕망을 억누르며 공공이익을 위하여 헌신할 수 있다고 판단되는 시민만이 정치에 참여할 수 있다고 생각했다. 그들은 이를 위해 일정 정도 이상의 재산을 소유해야 한다는 자격조건을 내걸었다.

이러한 공화제를 옹호하는 제헌회의 대표들에게 '군주제'란 허용될 수 없었다. 그들은 미국혁명을 거치면서 이상적으로 반反군주제 정서와 정치사상을 강화시켜 왔다. 그러나 미국연합의 국가들이 보여준 것처럼 입법부 중심의 국정운영은 비효율적이고 비효과적이었다. 각국의 최고행정관이 보여준 리더십은 이를 반증해 보여주었다. 동시에 미국연합은 구조적으로나 현실정치에서나 대내적인 문제뿐 아니라 대외적인 문제에도 미약하고 무기력하다는 것을 여실히 보여주었다.

이제 제헌회의 대표들은 군주는 아니되 군주와 같이 강력한 리더십을 가지고 미국연합의 공동이익을 적극적으로 대변하며 이를 추구할 수 있는 지도자가 필요하다고 생각했다. 그러나 미국연합의 국가들을 강력하게 묶어줄 정치체제조차 명확히 구상하지 못한 상황 속에서, 행정수반에 대한 명확한 구상을 가지기란 현실적으로 불가능했다. 따라서 이 구체적인 구상은 필라델피아 제헌회의를 진행하면서 떠오를 수밖에 없었다.

행정수반을 1인으로

필라델피아 제헌회의가 개최되기 이전, 미국은 행정수반에 관한 두 가지의 상이한 전통이 있었다. 하나의 전통은 1인의 최고행정관과 그에게 권고와 동의를 해주는 집행평의회 혹은 국무회의로 구성되는 통치형태이다. 이 전통은 영국 식민지 시기와 미국 독립 이후 각 미국연합 국가들의 정부형태에서 찾아볼 수 있다. 식민지 총독이든 미국연합 국가의 최고행정관이든 행정수반은 1인이다. 두 시기 모두 행정수반은 집행평의회 혹은 국무회의의 자문과 통제를 받아야 했다. 또 하나의 전통은 미국연합 시기에 만들어진 전통으로, 입법부가 다수의 위원회 혹은 행정부서(departments)를 구성하고 그 장을 임명하여 특정 행정업무를 맡아 보도록 유보적 권한을 부여하면서 이를 통제하는 방식이었다.

제헌회의 대표들은 이 같은 전통을 고려하면서 새로운 통치체제를 구상했다. 제헌회의가 개회되자마자 5월 29일에 에

드먼드 랜돌프는 매디슨이 작성한 버지니아 안案을 제출했다. 버지니아 안은 '전국적인 행정수반(national executive)'을 설치한 다고 했으나, 1인의 행정수반을 둘 것인지 혹은 복수의 행정 수반을 둘 것인지를 분명히 밝히지 않았다. 같은 날, 찰스 핑 크니가 제출한 헌법안에는 '프레지던트'라는 공식 명칭 아래 1인의 행정수반을 둘 것을 제안했다. 핑크니 안은 여러 행정 부서의 장들로 구성되는 국무회의를 두어 그들로부터 조언을 들을 수 있는 권리를 행정수반에게 부여했다. 이 안은 기존 미 국연합 국가의 일반적인 행정체제에 근거하되 행정수반에게 독립성을 부여하는 것이었다.

복수의 행정수반을 두는 제안은 흔히 생각하는 것보다 유 력했다. 복수의 행정수반을 지지하는 대표적 인물은 벤저민 프랭클린이었다. 이미 1775년 제2차 대륙회의에서 '연합헌장' 초안이 마련될 때, 그는 12명으로 구성되는 집행평의회를 설 치하며 연합회의의 휴회시 행정을 담당하도록 하는 안을 제시 한 바 있었다. 그리고 1776년 그는 총독직을 폐기하고 12명으 로 구성되는 "최고국무회의(supreme executive council)"를 설치하는 펜실베이니아 헌법을 강력하게 지지했다.[17] 이 헌법에 의하면 최고행정관은 12명의 위원들 가운데에서 의회가 선출한다.

프랭클린은 이러한 헌법구상을 필라델피아 제헌회의에서도 강력히 주장했다. 그는 1명의 행정수반은 언제나 자신의 권력 을 강화하는 경향이 있고 종국에는 군주제를 낳는 병폐가 있 다고 지적했다. 그에 비해 복수의 행정수반은 군주제의 위험이 없을 뿐만 아니라 정책의 변화가 적어 일관성과 예측성이 높으며 질병이나 사망과 같은 유고시 손쉽게 계승 문제를 해결할 수 있다고 주장했다.

이 같은 복수의 행정수반 제안은 입법부 우월주의에 의해 지지되었다. 코네티컷의 로저 셔먼Roger Sherman은 행정수반을 입법부가 제정한 법률을 집행하는 집행자에 불과한 수동적인 기관으로 파악했다. 법률의 성공적 집행 문제를 가장 잘 판단할 수 있는 것은 해당 법률을 제정했던 입법부이다. 따라서 셔먼은 입법부가 필요에 따라 행정수반의 수를 결정하도록 입법부에게 행정수반의 구성 문제를 일임하자고 제의했다. 말하자면, 셔먼의 주장은 기존 미국연합의 행정체제를 그대로 유지하자는 것이었다.

복수의 행정수반 제안은 무엇보다도 군주제 맹아론에 의해 옹호되었다. 당시 버지니아 최고행정관이었던 에드먼드 랜돌프는 1인의 행정수반이란 "군주제의 맹아萌芽"이기 때문에 사실상 왕과 다름없다고 비판했다. 대신 그는 3인의 행정수반을 제시했다. 1인의 행정수반보다는 3인의 행정수반이 군주제의 위험을 피할 수 있을 뿐 아니라 입법부가 직접적으로 영향력을 행사하기가 더 어렵기 때문에 행정수반의 독립성은 그만큼 더 쉽게 확보할 수 있다고 설명했다.

3인의 행정수반 제안은 지리적 권력분배론에 의해서 뒷받침되었다. 플라톤의 정치학에 따르면, 좋은 국가란 시민이 상호간에 면식面識이 가능한 공동체여야 한다. 그런데 미국은 광대한 지리적 영토를 가지고 있어 근본적인 결함이 있다. 그래서 펜실베이니아의 최고행정관과 델라웨어의 최고행정관을 역임한 델라웨어의 존 디킨슨은 미국을 북부·중부·남부 세 지역으로 구분하여 해당 지역마다 행정수반을 선출하는 방식을 주장했다. 랜돌프도 동의한 것처럼, 지역마다 나름대로의 각별한 이해관계가 있기 때문에 국민의 의사를 반영하는 데에는 3인의 행정수반이 바람직하다는 것이었다.

그러나 지리적 권력분배론은 곧바로 비판받았다. 사우스캐롤라이나의 피어스 버틀러Pierce Butler는 랜돌프와 디킨슨이 주장하는 바와 같은 3명이든 혹은 그 이상이든 복수의 행정수반은 자신의 출신 지역의 이해관계를 위해 서로 다투게 될 것이라고 지적했다. 특히 전쟁 중 군사전략이 문제가 될 경우 복수의 행정수반은 서로 자신의 출신 지역을 방어하기 위해 혼란을 일으켜 "불행한" 결과를 초래할 것이라고 경고했다.

또한 펜실베이니아의 제임스 윌슨도 이에 가세했다. 그는 제헌회의가 개회한 직후인 6월 1일, 행정수반을 1인으로 해야 한다는 의견을 처음으로 제기했다. 복수의 행정수반이 동등한 권한을 가질 경우 중재할 상위권자가 존재하지 않게 된다. 그들은 통제할 수 없는 폭력의 권력투쟁 속으로 빠져들어 가게 될 것이라고 경고했다. 그렇게 되면 행정은 중단될 것이며 다른 정부 부서로 폐해가 확산될 것이 분명하다. 만약 복수의 행정수반이 권한상 동등하지 않다면, 그것은 1인의 행정수반을 설치하는 것과 다름없으며 결국 복수의 행정수반 주장의 근거를 사실상 포기하는 것이다. 가장 강력한 권한을 보유한 1인이 곧 실질적인 행정수반이 되기 때문이다. 또한 만약 행정수반을 홀수가 아니라 짝수로 한다면, 결정권자의 부재로 인한 문제가 발생할 경우 치유책이 없을 것이라고 설명했다.

복수의 행정수반에 대한 보다 적극적인 비판은 행정효율론이었다. 후에 제2대 연방대법원장이 될 사우스캐롤라이나의 존 러틀릿지John Rutledge는 행정수반에게 전쟁과 강화에 관한 권한까지 부여할 수는 없지만 행정수반을 1인으로 하자는 주장을 지지했다. 행정수반이 1인일 때 "공무를 가장 잘 집행할 것"이기 때문이라는 것이다. 윌슨도 이에 동의하며 행정수반이 1인일 때 그 직에 최대의 열정과 추진력을 쏟을 것이라고 주장했다. 당시 미국연합 국가들의 최고행정관이 1인이라는 현실 상황도 이러한 행정효율론을 뒷받침해 주었다.

1인의 행정수반에 관한 가장 강력한 옹호론은 정치적 책임론이었다. 윌슨은 오히려 행정수반이 1인일 때 군주제의 맹아가 아니라 "독재에 대한 가장 훌륭한 안전장치"가 될 수 있다고 반격했다. 그는 행정수반이 1인이라고 해서 모두 왕인 것은 아니라고 전제하고, 영국 모델은 미국에 적합하지 않으므로 영국의 모델에 매달리지 말아야 한다고 지적했다. 그리고 윌슨은 "의회 권력을 통제하기 위해서는 그것을 분할해야 한다. 그러나 행정부를 통제하기 위해서는 그것을 통합해야 한다"고 역설했다. 그러고 나서 그는 "3명보다 1명이 더 책임을 다할 수 있을 것이다"라고 단언했다. 3명보다는 1명일 때 책임소재가 더 명확하게 드러나기 때문이었다.

행정수반을 1인으로 하자는 윌슨의 제안은 6월 4일에 7대3으로 통과되었다. 그 후에도 행정수반 구성인원 문제는 여러 차례 제기되었으나, 기존의 논의에서 벗어나지 못했으며 6월 4일의 결정을 번복하지도 못하였다.

사실 행정수반 인원에 관한 논쟁은 세대 논쟁의 성격이 짙게 깔려 있었다. 윌슨의 제안에 반대한 대표들의 평균 연령은 약 54세였다. 복수의 행정수반을 주장했던 주요 인물들은 프랭클린(81세), 디킨슨(54세), 셔먼(61세) 등으로 영국의 식민통치와 총독의 학정을 뼈저리게 경험한 사람들이었다. 반면에 윌슨의 제안을 지지했던 주요 인물들의 평균 연령은 41세였다. 1명의 행정수반을 지지한 윌슨(44세), 핑크니(29세), 러틀릿지(47세) 등은 1770년대와 1780년대에 정치 경력이 절정에 도달했던 인물들이었다. 결국 1인의 행정수반 제안이 채택됨으로써 젊은 세대가 승리한 셈이었다. 복수의 행정수반을 주장하던 세대와 그들의 시대가 사라지고 있었다.

1인의 행정수반으로 결정된 이유는 군주제의 위험성보다 행정의 일관성, 신속성, 추진력을 더 중요한 가치로 생각했기 때문이었다. 그러나 행정의 리더십보다도 더 중요했던 것은 책임정치의 실현 문제였다. 복수의 행정수반보다는 1인의 행정수반이 국정에 관하여 국민에게 책임을 가지는 제도로서 더 바람직한 것으로 간주되었던 것이다. 행정수반의 책임성 확보는 올바르고 효율적인 행정업무의 자극제이기도 했지만 독재

출현의 예방책이기도 했던 것이다.

국무회의를 없애라

행정수반 인원 논쟁을 끝낸 필라델피아 제헌회의는 자연스럽게 국무회의 설치 문제에 대한 논의를 시작했다. 전통적으로 식민지 시대와 미국연합 시대에 집행평의회 혹은 국무회의는 최고행정관의 권력을 견제하는 기구로 작용해 왔기 때문에, 대통령의 권력과 그 한계를 어떻게 설정할 것인가를 다루면서 자연히 거론될 수밖에 없었던 문제였다.

결론적으로 말해 미국연방헌법에서 국무회의를 없앤 것은 놀라운 일이다. 그것은 국무회의 혹은 집행평의회의 전통적인 권력견제 기능 때문이다. 미국독립선언, 미국헌법의 권리장전, 프랑스의 권리선언 등에 크게 영향을 끼친 '버지니아 권리장전' 기초자였던 조지 메이슨Goerge Mason은 필라델피아 제헌회의에 버지니아 대표로 참석했다. 그는 미국연방헌법에 국무회의가 없다는 사실을 "정상적인 정부라면 어디에서도 찾아볼 수 없는 일"이라며 신랄하게 비난했다.

식민지 시대에 집행평의회는 총독의 권위주의적 권력을 감시하고 견제하는 기구였다. 총독은 공직임명 등 주요 국정문제에 관한 결정을 할 때 집행평의회의 동의를 받아야 했다. 물론 집행평의회의 평의원은 총독이 추천하여 영국 국왕이 임명하도록 되어 있었다. 그러나 실제로 총독은 효과적인 통치를 위해서 좋든 싫든 통치 지역의 유력자들로부터 도움을 받아야만 했다. 따라서 실제로 총독의 추천권은 크게 제한을 받았다. 더욱이 일반적으로 평의원은 종신직이었기 때문에 총독이 바뀌어도 평의원은 바뀌지 않았다. 따라서 집행평의회는 총독의 이해와 달리 식민지의 이해를 반영하는 기관으로 인식되었다.

이러한 이유 때문에 영국으로부터 독립한 후에도 집행평의회가 국무회의로 계속 존치되었다는 것은 그리 놀라운 일이 아니다. 버지니아의 최고행정관은 8명으로 구성되는 국무회의의 동의가 없다면 어떤 행정업무도 할 수 없도록 헌법에 규정되어 있었다. 이 국무회의는 최고행정관이 임명하는 것이 아니라 의회 양원이 공동 투표하여 선출하도록 되어 있었다. 또한 의회는 필요하면 국무회의의 조언과 회의록을 보고받을 수 있었다. 말하자면 국무회의는 최고행정관의 권력을 통제하고, 의회는 국무회의를 감시하는 방식으로 입법부 우월주의를 실현하고 있었던 것이다.

사실 식민지 시대의 집행평의회는 총독에게 권고와 동의를 해주는 행정적 기능만 했던 것은 아니다. 집행평의회는 경우에 따라서는 의회의 상원으로 기능했을 뿐만 아니라 민사 사건인 경우에는 최고법원으로서 사법기능도 담당했다. 따라서 '입법부' 우월주의라는 표현은 당시의 관점에서 보면 명확히 들어맞는 것은 아니다. 또한 1777년 조지아 헌법에 따르면, 국무회의는 의회가 통과시킨 모든 법률에 관하여 "정독精讀과 조언"을 하게 되어 있었다. 독립 후에도 국무회의는 행정기능에 한정되었던 것은 아니다.

국무회의는 버지니아와 조지아뿐 아니라 대부분의 미국연합 국가에도 설치되어 있었다. 최고행정관의 권한이 가장 강력했던 뉴욕에서조차 이러한 견제가 헌법으로 갖춰져 있었다. 앞에서 설명한 바와 같이, 뉴욕의 최고행정관은 임명 시에는 임명평의회 그리고 법률안거부권 행사시에는 개정평의회의 견제와 통제를 받아야 했다. 특히 그는 개정평의회의 의장이었지만 가부동수인 경우에만 표결에 참여할 수 있었다.

이와 같이 정치적으로 중대한 국무회의의 설치안이 제헌회의 초기에 제시되었다. 핑크니 안에서는 행정부서의 장관들로 구성되는 국무회의를 설치하고 대통령에게 국무회의의 조언을 구할 수 있는 권한을 부여했다. 그러나 핑크니 안의 국무회의는 이전의 전통과 달리 대통령의 권한을 견제하는 기관이 아니었다. 그것은 대통령을 보좌하는 성격을 가진 것이었다.

버지니아 안에서는 국무회의의 형태가 아니라 개정평의회의 형태로 제시되었다. 버지니아 안은 행정수반 및 연방 사법부의 적정인원으로 개정평의회를 구성하여 연방 의회가 제정한 모든 법률을 심의할 수 있도록 했다. 연방 의회가 재의결하지 않는다면 개정평의회의 결정은 최종 결정이 된다. 물론 핑크니 안에서도 개정평의회를 두지만 그 구성은 달랐다. 대통령을 비롯하여 외무부, 전쟁부, 재무부, 해군부의 장관으로 구성하거나 대통령과 이들 부처 가운데 2부처의 장관으로 구성하도록 하는 안이 제시되었다. 제안된 개정평의회는 대통령의 법률안 거부권을 제한한다는 점에서 전통적이었다. 그러나 이들 개정평의회는 뉴욕의 선례가 있긴 하지만 입법부의 입법권을 제한한다는 점에서 주목할 만한 것이다.

필라델피아 제헌회의에서 국무회의가 처음으로 논의된 것은 개최된 지 약 3개월이 지난 8월 18일이었다. 올리버 웰스워드Oliver Ellsworth는 핑크니 안에서 제시된 것과 유사한 구조를 갖는 국무회의의 설치를 주장했다. 그는 상원의장, 연방대법원장, 행정부서의 장관들로 구성하는 국무회의를 두되, 대통령에게 최종결정을 전달하는 것이 아니라 조언을 주는 형태로 하자고 제안했다.

이틀 후 이와 유사한 제안이 제임스 윌슨에 의해 제기되었다. 윌슨은 공무를 집행함에 있어서 대통령을 보좌하기 위한 국무회의를 설치하자고 제안했다. 윌슨의 국무회의는 연방대법원장을 비롯하여 내무부, 통상부, 외무부, 전쟁부, 해군부의 장관들 그리고 국무회의의 비서이며 대통령의 공식 비서인 국무장관으로 구성한다. 대통령은 때때로 안건을 국무회의에 상정할 수 있으며 국무회의로부터 서면 의견을 요구할 수 있다. 대통령은 스스로 판단하여 그 의견을 따를 수도 있으며 만약 적절하다고 생각되는 경우에는 따르지 않아도 된다. 핑크니는 이러한 윌슨의 제안에 동의했다.

그리고 2일 후 러틀릿지도 이와 유사한 구성의 국무회의의 설치를 주장했다. 그는 윌슨의 제안에 상원의장과 하원의장을 추가로 포함하는 추밀원을 주장했다. 그러나 러틀릿지도 대통령이 스스로 판단하여 국무회의의 의견에 대한 수용 여부를 결정할 수 있는 자율권을 부여했다.

국무회의의 설치 문제는 결정을 보지 못한 채 연기안건위원회로 넘어갔다. 그리고 놀랍게도 연기안건위원회는 국무회의 설치 조항 자체를 삭제해 버렸다. 대통령의 정책 결정을 구속하지 못할 것이라면 굳이 국무회의가 있을 필요가 없다는 것이었다. 대통령은 필요하다면 각 행정부서의 장으로부터 해당 행정업무에 관한 의견을 서면으로 청취하는 것으로도 충분했기 때문이었다. 이에 연기안건위원회는 대통령의 서면의견 청취 권한에 관한 조항을 삽입했다.

연기안건위원회의 결정은 일부 제헌회의 대표들을 당혹스럽게 했다. 대통령의 의견 청취 조항에 대하여, 조지 메이슨은 "가장 독재적인 정부조차 위험을 무릅쓰고도 결코 시행하지 않는 실험"이라고 맹렬하게 비난했다. 그는 대통령에 대한 견제기구로서 국무회의가 반드시 있어야 한다고 주장했다. 그는 미국을 세 지역으로 구분하되 연방 상원이 지역별로 2명씩 선출하여 6인의 국무회의를 설치하여야 한다고 제안했다. 벤저민 프랭클린도 이에 합세했다. 프랭클린은 1인의 행정수반을 지나치게 맹신하고 있다고 경고하면서 수많은 악질적인 총독이 존재했던 식민지 시대를 상기시켰다. 그는 "국무회의는 나쁜 대통령에게는 견제기구가, 좋은 대통령에게는 안도安堵의 기구가 될 것"이라고 역설했다.

이에 대해 젊은 세대의 반격이 시작되었다. 구버뇌 모리스는 연기안건위원회에서 국무회의의 설치 문제가 충분히 논의되었다고 전제하고, 현실적으로 국무회의는 견제기구로서 무의미하다고 설명했다. "대통령이 자신의 나쁜 정책에 동의하도록 국무회의를 설득할 것"이고 국무회의는 결국 그 정책을 묵인해 주게 될 것이기 때문이었다. 그리고 제임스 윌슨은 임명 동의 문제에 관하여 국무회의보다는 상원이 바람직하다는 대안을 제시했다.

메이슨의 제안은 표결에 붙여졌지만 3대8로 부결되었다. 그리고 연기안건위원회의 제안이 상정되었다. 10대1로 절대다수가 찬성했다. 제헌회의 대표들은 대통령이 굳이 국무회의라는 번거로운 형식을 빌려 조언을 받아야 할 필요가 없다고 생각했다. 필요하면 각 행정부서의 장관들로부터 의견을 구하면 될 것이었다. 또한 국무회의는 대통령을 현실적으로 견제할 수 없다고 판단했다. 국무회의를 구성하는 행정부서의 장관들은 대통령이 임명하는 대통령의 사람들이므로, 그들은 국무회의에서 대통령의 결정에 맞서지 못할 것이 명백했다. 제헌회의의 대표들이 국무회의의 설치를 거부한 것은 형식보다는 실용을 선택한 결과였다.

대통령의 선출

미국혁명으로 미국인의 정치적 지위는 국왕의 신민臣民에서 미국의 시민市民으로 변화되었다. 그러나 주권재민의 헌정

원리를 실현한다고 하더라도 최고행정관을 반드시 국민이 직접 선출해야 할 이유는 없었다. 필요하다면 최고행정관을 간접적으로 선출할 수도 있고 최고행정관의 선출을 특정 기관에 일임할 수도 있기 때문이었다. 특히 국민의 정치 수준이 현저히 낮다고 인식되면, 국민이 최고행정관을 직접 선출해야 한다는 주장은 더욱더 지지를 받기 어려워지게 될 것이었다.

식민지 시기에는 영국 국왕이 각 식민지의 최고행정관인 총독을 임명했다. 미국혁명 시기에는 거의 대부분의 식민지에서 최고행정관은 입법부에 의해 선출되었다. 그렇다고 해서 식민지 시기에는 영국 국왕이 주권을 보유하고 있었고 혁명 시기에는 입법부가 주권을 가지고 있었던 것은 아니다. 영국의 주권은 단순히 국왕이 아니라 '의회 안의 군주(King in Parliament)'에게 있었다. 언뜻 보면 국왕이 주권을 보유하는 것처럼 보이지만, 이 말은 군주를 통제하는 의회가 실질적으로 보유한다는 뜻이다. 의회만능주의의 주권적 표현인 셈이다. 그럼에도 식민지의 통치권은 전적으로 영국 국왕의 대권大權에 속했다. 그런 까닭에 식민지 총독은 국왕이 임명권을 배타적으로 행사할 수 있었다.

혁명 시기의 미국에서 입법부가 우월주의를 구가했다고는 하지만, 그들이 주권을 가지고 있었던 것은 아니다. 혁명은 영국 국왕의 대리자였던 총독을 현실정치와 헌법에서 제거한 연후에 그 권력을 입법부에 부여했다. 더욱이 입법부는 식민지 시기에 미국인의 자유와 권리를 수호하는 기관으로 간주되었다. 입법부는 국민을 대신해서 행정부의 권력남용과 권리침해를 주시하며 유사시에는 행정부의 권력을 통제하거나 박탈할 것으로 믿어졌다. 입법부는 국민의 수호자였다.

이러한 맥락에서 필라델피아 제헌회의에 제시된 버지니아 안과 핑크니 안이 모두 입법부를 행정수반의 선출기관으로 제시한 것은 전혀 놀라운 일이 아니다. 버지니아 안은 행정수반의 구성 인원을 분명히 하지 않았으나 입법부에서 선출한다는 것을 분명히 했다. 행정수반 선출 문제에 관하여 버지니아 안은 작은 국가의 이해관계를 대변했던 뉴저지 안과 일치했다. 그리고 핑크니 안은 1인의 행정수반을 의회 양원의 합동투표로 1년마다 선출하는 안을 제시했다.

미국연합의 대부분 국가들은 최고행정관을 입법부에서 선출하고 있었다. 제헌회의에 참석 중인 12개 국가 가운데 단지 4개국, 즉 뉴햄프셔, 코네티컷, 매사추세츠, 뉴욕만이 직접이든 간접이든 국민에 의한 선출방식을 채택하고 있었다. 달리 표현하면, 미국연합의 남부 국가들은 모두 입법부에 의한 최고행정관 선출방식으로 선출하고 있었다. 따라서 최고행정관 선출방식에 대한 논쟁은 주로 남과 북의 대결양상으로 이어졌다.

입법부 선출방식은 혁명 시대의 전반적인 흐름을 그대로 수용하는 것이었으나 여러 가지 문제점을 안고 있었다. 앞서 지적한 바와 같이, 혁명과 전쟁이 계속 진행되면서 입법부의 과도한 권력 집중과 리더십 결여 문제가 드러나기 시작했던 것이다. 더욱이 성격상 입법부는 1년 내내 항구적으로 개원할 수 없었기 때문에 긴급한 주요 현안이 휴회 중에 발생하는 경우에는 신속하게 대처할 수 없었다.

필라델피아 제헌회의에서 더 중요하게 부각된 문제점은 행정수반의 독립성 문제였다. 만약 입법부가 행정수반을 선출한다면, 그는 '입법부의 피조물'이어서 입법부의 영향에 민감하게 반응할 것이고 그렇게 되면 책임감을 가지고 독립적으로 국정을 추진하기 어려울 것이었다. 더구나 입법부가 행정수반을 선출한다면, 그는 입법부의 권력남용을 억제하며 견제하기가 매우 어려울 것이다. 자신을 선출해 준 입법부에 대해 아무래도 호의적인 입장을 취하기 마련이고 심지어는 입법부의 폐해를 묵인할 수 있다는 것이었다.

만약에 행정수반의 연임이 입법부의 결정에 달려 있다면, 행정수반은 입법부의 권력남용을 견제하기란 거의 불가능하게 될 것이다. 행정수반은 자신의 연임을 위하여 입법부의 이익에 적극 부응할 것이다. 그렇게 되면 행정수반은 입법부의 권력남용을 견제하기는커녕 오히려 이를 조장하며 확대재생산하는 결과가 될 것이다.

제헌회의 대표들이 특히 염려했던 부분은 행정수반의 임명권이었다. 행정수반은 입법부의 지지를 얻어내기 위해 자신의 임명권을 악용하며 결국에는 입법부를 부패시킬 것이다. 입법부의 의원들이 행정부서의 직책을 겸직하지 않더라도 자신들과 정치적 이해관계를 공유하는 사람들이 행정부서의 직책을 차지할 수만 있다면, 행정수반은 언제든지 그들에게 매직賣職

하여 입법부의 지지를 이끌어내는 식으로 임명권을 악용할 것이 분명했다. 연임이 허용되는 한 조지 메이슨이 지적한 바와 같이 행정수반은 "연임을 위해 입법부와 밀통하려는 유혹"을 떨쳐버릴 수 없을 것이었다.

이러한 이유로 대부분의 제헌회의 대표들은 입법부가 행정수반을 선출해야 한다면, 행정수반의 임기는 가능한 한 길게 허용해 주면서 연임은 허용하지 말아야 한다고 의견을 모았다. 연임이 불가능한 행정수반은 설령 입법부가 자신을 선출해 주었더라도 입법부의 압력에 구속되지 않고 독립성을 유지하면서 입법부의 권력남용을 견제할 수 있을 것이라고 생각했다.

그러나 행정수반이 진정으로 유능한 인물일 경우에는 어떻게 해야 하는가? 그에게 행정수반을 계속 맡길 수 있어야 하는데 헌법으로 연임을 제한하고 있으므로 불가능하게 될 것이다. 달리 말하면 입법부에 의한 행정수반 선출방식이 제헌회의 대표들을 만족스럽게 하지 못했던 가장 중요한 이유 가운데 하나는 바로 헌법 제정의 이유 그 자체였다. 미국연합의 비효율성과 무능에 실망하여 국정의 효율성과 신속성 그리고 체계 수립을 성취하고자 했던 제헌의 목적 그 자체를 충족시킬 수 없게 되는 셈이었다. 특히 젊은 제헌회의 대표들은 이러한 선택을 받아들일 수 없었다.

필라델피아 제헌회의 대표들은 국민에 의한 선출방식도 신중히 검토했다. 제헌회의가 개회한 지 얼마 되지 않은 6월 1

일, 제임스 윌슨은 일반 국민이 직접 선출하는 안을 제출했다. 그는 뉴욕과 매사추세츠에서는 국민에 의한 선출방식이 편리할 뿐 아니라 성공적이었다고 강조했다. 당연히 국민선출방식은 입법부의 영향을 배제하면서 행정부의 독립성을 확보하는 데 가장 확실한 방법이었다.

그럼에도 윌슨은 스스로 이를 "터무니없는" 제안처럼 보일지 모른다는 우려를 표명했다. 이는 무엇보다도 미국의 광대한 국토 크기를 감안한 신중한 언급이었을 것이다. 그러나 국민직선방식의 약점은 단순히 국토의 크기에만 있지 않았다.

보다 큰 약점은 행정수반 후보자에 대한 공정한 평가의 문제였다. 후보자가 전국적인 명망이 있어서 전 국민이 그의 장점과 단점을 공정하게 평가할 수만 있다면 별다른 문제가 없을 것이다. 그러나 후보자가 자기 출신 지역에서만 조금 알려져 있을 뿐 전국적 지명도가 없다면, 국민 전체가 선거에 임박해서 그를 제대로 평가한 후 지지하거나 반대하기란 매우 어려울 수밖에 없다. 필라델피아 제헌회의 대표들은 혁명으로 전국적인 지명도를 가진 정치인들이 당시에는 상당히 있지만 앞으로는 그리 많지 않을 것이라고 예상했다.

이러한 예상에 근거할 때 전 국민에 의한 선출방식은 제대로 된 후보검증 없이 행정수반을 선출하는 것과 다름없었다. 이럴 경우 국민은 후보자의 진면목을 판단하여 결정하기보다는 후보자의 가공된 이미지에 의해 좌우될 것이라고 생각했다. 지역적 후보들도 이러한 결함을 악용하여 포퓰리즘적인 선거 전략을 펼칠 것이 너무나도 분명했다. 제헌회의 대표들은 선동가에게 국가 행정을 맡길 수는 없다고 생각했다.

지역적 후보의 등장은 곧 후보 난립으로 이어지고, 결국 국민의 과반수 지지도 얻지 못한 대통령의 등장을 의미할 수 있다. 이럴 경우 대통령은 다양하고 심지어는 서로 상충되는 이해관계를 가진 지역 간의 갈등을 화해시키는데 어려움을 겪을 것이다. 제헌회의 대표들은 이런 대통령 밑에서는 국가가 갈등하고 분열하게 될 것임을 예견했다.

더욱이 국민이 직접 선출하는 방식은 인구가 많은 국가에 보다 유리한 선출방식이었다. 국민직선방식에서 정치적 영향력은 인구수에 비례해 확대될 수밖에 없다. 당시 펜실베이니아는 델라웨어보다 인구수가 10배 정도 많았다. 또한 가장 큰 3개의 국가, 즉 매사추세츠, 펜실베이니아 그리고 버지니아의 총 인구수는 나머지 10개 국가의 총 인구수에 버금갔다. 국민직선방식은 제헌회의 대표들에게 큰 국가의 정치적 영향력을 지나치게 비대하게 만드는 방식으로 비쳐졌다.

따라서 당연히 코네티컷과 같이 인구수가 적은 국가들은 국민직선방식보다는 입법부에 의한 선출방식을 선호했다. 작은 국가들은 기본적으로 인구가 많건 적건 상관없이 동등한 주권국가임을 강조했다. 그러나 입법부 선출방식도 만일 입법부가 인구수에 비례하여 선출된 의원들로 구성되는 경우에는 선호할 만한 방식일 수 없었다. 그러므로 작은 국가들은 입법부의 구성방식을 결정한 후에 대통령 선출방식에 대해서 결정하려는 태도를 취했다.

6월 15일, 작은 국가들의 이익을 대변하는 헌법안이 제출되었다. 뉴저지의 윌리엄 패터슨이 제출한 이 안은 통상적으로 뉴저지 안으로 불린다. 그리고 7월 중순에 가서야 큰 국가와 작은 국가 사이의 타협이 이루어졌다. 이는 하원은 인구비례로 선출하며 상원은 국가별로 2명을 선출하여 구성하는 것으로 하여, 하원의 선출방식은 버지니아 안을 따르고 상원의 선출방식은 뉴저지 안을 따르기로 한 셈이었다.

입법부 구성방식이 결정됨에 따라 대통령의 선출방식에 관한 논의가 재개되었다. 국민직선방식과 입법부 선출방식의 장단점이 또다시 반복되면서 제헌회의가 공전했다.

여기에 돌파구로 제시된 대안은 선거인단 선출방식이었다. 이 방식은 제임스 윌슨이 국민직선방식의 전망이 불투명해지자 6월 2일에 이미 제시했던 방식이었다.[18] 그런데 이 방식이 7월 19일에 제3대 연방대법원장이 될 코네티컷의 올리버 웰스워드Oliver Ellsworth에 의해 다시 제시되었다. 그는 거주민의 인구수에 따라 선거인단을 배분하는 방식을 제한했다. 10만 명 이하의 국가인 경우에는 1명의 선거인, 10만 이상이며 30만 이하인 경우에는 2명, 그리고 30만 명 이상인 경우에는 3명을 배정하는 방식으로, 선거인은 각 국가의 입법부가 선출하는 방식이었다. 이 선거인단 제안은 6대3으로 통과되었다.

그런데 각 국가의 인구수에 따라 선거인 수를 배정하는 제안과 관련하여 선거인 구성 비율이 다시 쟁점으로 등장했다.

웰스워드의 제안은 실제로 인구가 정체되지 않고 끊임없이 변화하고 성장하기 때문에 선거인 구성 비율을 고정할 수 없다는 데 문제가 있었다. 사우스캐롤라이나와 같은 몇몇 국가들은 빠른 속도로 인구가 늘어나고 있었다. 작은 국가인 델라웨어와 뉴저지가 입장을 바꾸면서 논의가 원점으로 되돌아갔다.

7월 24일, 뉴저지의 윌리엄 휴스턴William Houston은 연방 입법부에 의한 선출방식을 또다시 제안했다. 대통령을 선출하기 위해 광대한 지역에 펼쳐져 있는 각 국가로부터 선거인을 불러 모은다는 것은 불편할 뿐 아니라 비경제적이라는 것이었다. 휴스턴은 이런 경우에 능력 있는 사람들이 선거인으로 입후보하지 않아 제대로 된 선거를 치를 수 없을 것이라고 변명을 늘어놓았다. 작은 국가의 이익을 대변한 휴스턴의 제안은 7대4로 통과되었다.

8월 24일, 러트릿지는 입법부에 의한 선출방식을 지지하는 한편 상하 양원의 합동 표결로 대통령을 선출하자는 수정안을 제시했다. 상하 양원이 개별 표결로 선출하는 경우에는 상원에서 동등대표권을 가진 작은 국가의 입장이 강화되지만, 합동 표결로 하는 경우에는 작은 국가의 영향력이 현저히 줄어들게 될 것이다. 매디슨은 가장 큰 국가와 가장 작은 국가의 인구 비율이 10대1이지만, 합동표결로 하는 경우에는 4대1로 감소한다고 설명하면서 러트릿지의 수정안을 지지했다. 이 수정안은 7대4로 통과되었다.

그러나 곧바로 작은 국가인 뉴저지의 조나산 데이튼Jonathan

Dayton은 상하 양원의 합동 표결로 하되 각 국가는 한 표씩 갖는다는 수정안을 제시했다. 이 수정안은 곧바로 회부되어 5대 6으로 부결되었다. 비록 이 안이 부결되었지만, 이로써 사실상 원점으로 회귀한 셈이었다. 큰 국가는 인구수를 반영하는 안을 선호하고 작은 국가는 주권국가임을 고려하여 1표씩 동등하게 대표되는 방식을 선호하는 입장에서 조금도 변화된 것이 없었다.

결국 대통령 선출방식을 결정짓지 못하고 연기안건위원회로 넘어갔다. 연기안건위원회는 각 국가별로 1명씩, 총 11명의 위원으로 구성되었다.[19] 따라서 미국연합의 각 국가가 동등하게 대표된 연기안건위원회에서는 작은 국가의 입장이 훨씬 더 많이 반영될 것으로 예상되었다.

마침내 9월 4일 연기안건위원회는 선거인단 선출방식을 타협안으로 제출했다. 선거인은 각 국가의 입법부가 결정하는 방식에 따라 선출하되, 각 국가는 상하 양원의 의석수에 해당하는 수만큼 선출한다. 만일 대통령 후보가 반수 이상 득표하지 못했을 경우에는 상원이 결정한다. 이와 같은 타협안은 선거인단의 총수를 산출하는데 상하 양원의 의석수를 반영함으로써 인구수가 큰 국가의 이익을 반영하는 한편, 어느 후보도 과반수의 표를 얻지 못한 경우에는 각 국가가 동등하게 대표되고 있는 상원에 일임함으로써 작은 국가의 이익을 반영했다.

이러한 타협안은 큰 국가는 큰 국가대로, 작은 국가는 작은 국가대로 만족시켜 주었다. 타협안에 근거한 대통령 선출이 자신들에게 이로울 것이라고 생각했기 때문이었다. 앞서 지적한 바와 같이 앞으로는 혁명 시대처럼 전국적인 인물이 그리 많지 않을 것이라고 그들은 예상했다. 이러한 예상은 곧 선거인단 투표에서 대통령이 결정되지 않고 상원으로 넘어가 최종 결정될 것이라는 예측을 떠올렸다. 버지니아의 조지 메이슨은 아마 "스물 가운데 열아홉"은 그렇게 될 것이라고 말했다.

연기안건위원회는 이 점을 고려하여 선거인단의 투표방식을 특이한 방식으로 제안했다. 선거인은 2표를 갖는데, 최소한 1표는 반드시 자기 국가가 아닌 다른 국가 출신의 후보자에게 행사하도록 규정했다. 이는 전국적 인물이 부재한 상황뿐 아니라 자기 국가 출신의 후보에게 편파적으로 유리하게 할 수 있는 정실주의를 회피할 목적으로 마련된 것이었다. 이 제안은 특히 작은 국가들을 안심시키는 데 기여했다.

그런데 이러한 타협안에 따라 선거를 치르면 과반수를 득표하는 후보자가 복수로 나올 수 있다. 선거인 1명에게 2표를 부여했으므로 실질적으로 과반수는 전체 표의 1/4에 해당하기 때문이다. 따라서 논리상 복수의 후보자가 반수 이상 득표할 수 있으며, 심지어 과반수 득표에 득표수가 같을 수도 있다. 이러한 경우에도 상원에 최종결정권을 부여했다. 그러나 상원은 모든 후보자를 대상으로 하지 않고, 후보 난립을 방지하기 위해 선거인단 투표에서 최고득표자 5인을 대상으로 상원에서 최종결정을 하도록 했다.

연기안건위원회의 타협안을 수정하려는 시도들이 있었지만

모두 실패로 끝났다. 다만 9월 6일, 코네티컷의 로저 셔먼은 필요한 경우 대통령의 최종결정권을 상원이 아니라 하원에 두 자고 제안하여, 각 국가는 1표씩 갖도록 허용되었다. 최종결정 이 좀 더 국민의 목소리에 가깝게 하려는 시도였다. 셔먼의 제 안은 10대1로 통과되었다.

누가 대통령을 선출할 것인가. 대통령의 선출 권력은 대통 령의 권한에 막대한 영향력을 행사할 수 있는 권력일 수 있다. 따라서 대통령 선출 권력을 입법부에 맡기든 국민에게 맡기든 상관없이, 그것은 대통령의 효율성과 독립성을 위해서 바람직 한 것이 아니었다. 국민은 하나의 단위가 아니라 국가 단위로 구성되어 있었으므로, 국민직선제를 채택할 경우 인구수가 많 은 국가가 작은 국가에 비해 대통령 선출에 인구비례만큼 실 질적인 영향력을 더 장악하게 될 것이었기 때문이다. 인구수 가 적은 국가는 이를 경계하지 않을 수 없었다.

선거인단 투표방식은 이러한 이해관계의 타협으로 도출된 것이었다. 제헌회의 대표들은 이 방식을 "완벽하게 새로운" 창안이라고 자랑스러워했다. 미국은 완전한 단일국가도 아니 며 완전한 연합국가도 아니다. 미국은 이러한 구조적 다양성 을 새로운 방식을 통해 승화시켰던 것이다.

대통령의 임기와 재임(再任)

대통령은 어떤 경우에도 왕이 아니다. 주권재민을 실현한 공화국에서는 국민이 왕이다. 대통령은 왕인 국민의 종복從僕에 지나지 않는다. 그럼에도 대통령은 공화국에서 어느 누구보다도 가장 거대한 권한을 가진다. 비록 그 거대한 권한은 주권자인 국민에게서 유래하지만 국민은 대통령의 권력 앞에서 너무나도 무력하다. 그래서 국민은 언제나 대통령이 '군주(제왕적 대통령)'로 변할 수 있다는 두려움과 염려를 늦출 수 없다.

이러한 '선출 군주(elective monarch)'의 공포는 필라델피아 제헌회의의 대표들에게 각별했다. 영국인으로서의 권리를 요구하다가 종국에는 혁명의 길로 치달을 수밖에 없었던 그들에게 선출 군주의 공포는 구체적이고 현실적인 것이었다. 그들은 식민지 시대의 영국 국왕과 총독뿐만 아니라 혁명 이후의 최고행정관에 대해서도 선출 군주의 공포를 떠올렸다.

그 결과 3개국을 제외한 모든 미국연합 국가에서 최고행정관의 임기는 1년이었다. 13개 국가 가운데 뉴욕과 델라웨어의 최고행정관은 3년 임기였고 사우스캐롤라이나에서는 2년 임기였다. 더욱이 델라웨어와 사우스캐롤라이나의 최고행정관은 순환직이었다. 델라웨어에서는 3년 임기 후에는 3년간 자격이 박탈되었고, 사우스캐롤라이나에서는 2년의 임기 후에 최고행정관이 되기 위해서는 4년을 기다려야 했다. 또 버지니아와 메릴랜드에서는 1년 임기를 3년 연임한 후에는 4년을 기다려야 했다. 노스캐롤라이나에서는 6년 가운데 3년 이상 최고행정관을 역임할 수 없었다. 오로지 뉴욕에서만이 3년 임기를 제한 없이 연임할 수 있었다. 미국연합회의의 의장인 프레지던트president도 일반적인 미국연합의 국가들과 유사했다. 의장은 3년 기간 중 1년 이상을 역임할 수 없었다.

따라서 필라델피아 제헌회의 토론과정에서 최고행정관의 적정 임기로 1년이 거론되지 않은 것은 사실 놀라운 것이었다. 물론 핑크니 안은 최고행정관을 의회 양원이 매년 선출한다고 제시한 바 있으나, 버지니아 안이 제헌회의 주요 논의대상으로 결정되면서 핑크니 안은 논의대상이 아닌 고려대상으로 간주되었다. 버지니아 안은 처음 제출될 때 최고행정관의 임기를 여백으로 두었다.

6월 1일, 버지니아 안의 해당 조항이 상정되자 펜실베이니아의 제임스 윌슨은 최고행정관의 임기를 3년으로 하고 재임이 가능하도록 해야 한다고 주장했다. 그 이후로 최고행정관의 임기는 2년, 3년, 4년, 6년 그리고 7년을 선택적으로 오고 가며 논의되었다. 재임 문제도 마찬가지였다. 재임 허용과 불허를 오고가며 반복했다.

필라델피아 제헌회의에서 대통령의 임기와 재임 문제는 사실상 독립적인 쟁점이 아니었다. 이 논제는 보다 큰 논제, 즉 누가 대통령을 선출할 것인가라는 선출 권력의 문제와 연동되어 있었다. 만일 입법부가 대통령을 선출하게 된다면, 대통령의 임기는 장기로 하면서 재임은 허용하지 않는다. 만일 국민이나 선거인단이 대통령을 선출하게 된다면, 그 임기는 단기로 재임을 허용한다. 여기서 요체는 임기 혹은 재임 가능성 그 자체가 아니었다. 대통령의 임기와 재임 문제는 대통령의 독립성과 책임정치의 실현 여부에 달려 있었다.

제헌회의는 일단 대통령을 입법부가 선출한다는 전제 아래, 임기를 7년으로 하고 재임을 허용하지 않기로 결정했다. 만일 재임을 허용하게 되면, 대통령은 재임을 위해 입법부와 공모할 수도 있을 것이며 입법부는 현직 대통령이 무능하고 부적절한 인물임에도 불구하고 권력 유지를 위해 흑색선전과 감언이설甘言利說을 늘어놓을 수도 있을 것이었다.

그러나 7월 10일, 제헌회의가 대통령 선출방식을 선거인단 선출방식으로 변경하면서 재임이 허용되었다. 임기도 7년에서 6년으로 변경되었다. 빈번한 선거는 비경제적일 뿐만 아니라 지리적으로 너무 광대해서 선거인을 자주 선출하여 보낼 수 없다는 이유에서였다.

하지만 7월 24일, 입법부에 의한 선출방식이 다시 채택되었고 대통령의 임기와 재임 문제가 다시 불거졌다. 대통령의 독립성을 위해 임기를 장기간 보장하자는 의견이 속출했다. 이에 불만을 가진 매사추세츠의 엘브리지 게리Elbridge Gerry는 임기를 아예 20년으로 하자고 냉소적으로 제안하면서 "왕자의 반평생" 정도는 되어야 할 것이라고 비꼬았다. 7월 26일에 임기 7년에 재임 불허로 결정되면서 논의는 다시 제자리로 돌아왔다.

9월 4일, 연기안건위원회는 선거인단 선출방식을 제안하면서 재임을 허용하는 4년 임기의 안을 내놓았다. 이틀 후 7년 안과 6년 안이 제시되었지만 부결되었고, 결국 연기안건위원회의 안이 마침내 10대1로 가결되었다.

4년 임기와 재임 허용의 제안이 가결된 데에는 대통령의 독립성 못지않게 행정의 효율성도 중요하게 고려되었다. 제헌회의 초기에 재임을 허용하지 말아야 한다는 주장에 대해, 로저 셔먼은 단임만 허용하는 것은 결국 대통령의 "직무를 수행하기에 가장 적합한 사람을 그 직으로부터 내팽개치는 것"과 같다고 비판했다. 제헌회의 대표들은 최고행정관으로 전국에서 가장 유능한 인물을 유인誘引하기를 기대했다. 그리고 그들은 유능한 인물이 가능하면 오랫동안 재임할 수 있도록 함으로써 국가 행정의 효율성과 효과를 극대화하려고 했다.

또한 책임정치의 구현도 대통령의 임기와 재임 문제를 좌우하는 하나의 결정적인 요소였다. 무능하고 비효율적인 인물이 장기간 대통령직을 장악하고 있다면 그것도 난감한 문제가 아닐 수 없다. 행정의 무능과 비효율은 대통령의 탄핵사유가 아니다. 그렇기 때문에 제헌회의 대표들은 이러한 경우를 고려하여 대통령의 임기를 장기로 설정하는 것을 꺼려했다. 만약 현직 대통령이 무능하고 비효율적이라면 가능한 한 빨리 새로운 인물로 바꿔야 하기 때문이다.

대통령의 재임 여부는 결국 대통령 자신이 이룩한 성과에 대해 책임을 묻는 국민의 결정에 달려 있다. 제헌회의 대표들은 대통령이 무능한 경우를 고려하여 가능한 한 임기를 짧게 하는 한편 유능한 경우에는 제한 없이 계속해서 대통령직을 보유할 수 있도록 하는 책임정치의 제도를 구현하고자 했다.

에필로그

대통령제는 미국혁명에 대한 혁명적 반성에서 탄생했다. 미국혁명은 북아메리카 영국 식민지에서 영국 국왕을 몰아내고 식민지 의회가 정치권력을 장악함으로써 시작되었다. 각 식민지 의회는 영국 국왕과 총독의 권위주의적 정치구조를 청산하고 공화정부를 건설했다. 이와 동시에 신생 공화국들은 공동의 적敵에 효과적으로 대항하기 위해 미국연합 아래 결집했다. 대륙군이 창설되었으며 대외관계를 전적으로 책임질 미국연합을 위해 헌장도 제정되었다.

그러나 혁명전쟁에서 미국의 승리가 뚜렷해짐에 따라, 미국연합은 더욱더 무능과 비효율성을 드러냈다. 강력한 권한이 부여되는 대신 책임을 지는 권력구조와 행정체제의 부재로 미국연합은 각 공화국으로부터 냉대를 받았다. 결국 셰이즈의 반란 등으로 대내외적 위기에 봉착하게 되면서 미국 혁명가들은 미국연합의 혁명적 변혁을 요구하게 되었다.

미국연합의 각 공화국에서도 심각한 문제가 노정되고 있었다. 그동안 공화국은 1인 군주제의 폭압에 기인한 혐오로 인해 최고행정관의 권력을 축소하고 입법부 우월주의를 추구했다. 그러나 혁명과 전쟁을 수행하면서 각 공화국은 효율적인 행정부와 강력한 리더십의 중요성을 깨닫게 되었다. 각 공화국의 헌법은 최고행정관을 엄격하게 통제했지만, 현실은 최고행정관의 강력한 리더십에 의존할 수밖에 없었다.

필라델피아 제헌회의는 주권국가들의 연합체였던 미국연합을 파기하고 새로운 형태의 연방국가를 창출했다. 미국연방헌법 아래에서, 미국연합 국가들은 더 이상 주권국가가 아니라 한 연방국가의 주州가 되었으며, '연방'이라는 정치적 수사修辭를 통해 일종의 단일국가로 변형되었다. 그리고 '프레지던트'는 더 이상 연합회의를 주재하는 의장議長이 아니라 한 국가의 최고행정관인 대통령大統領으로 변모하였다.

이 과정에서 균형정부의 이상理想이 뚜렷이 부상했다. 입법부 우월주의에 종속되어 있던 견제와 균형의 헌정원리가 가장 중요한 권력구조의 원칙으로 떠올랐다. 혁명 초기에 견제와 균형의 원리는 기껏해야 최고행정관의 권력을 견제하거나 상원으로 하여금 하원을 견제하는 정도의 의미밖에 갖지 못했다. 그러나 필라델피아 제헌회의에서 견제와 균형의 원리는 입법부와 사법부 그리고 행정부가 상호간에 관계 짓는 주요 방식으로 자리를 잡게 되었다. 요컨대, 대통령제는 균형정부의 이상을 실현한 삼각형의 권력구조에서의 한 축이었다.

대통령으로 호명될 최고행정관은 더 이상 '입법부의 피조물'이 아니었다. 대통령은 입법부의 권한 침해로부터 자신의 권한을 수호할 만큼 강하고, 입법부의 권력남용과 부정부패를 견제할 만큼 강력하게 제도화되었다. 연방적 차원에서, 유능하고도 효율적인 행정부의 필요성은 행정부의 독립성과 더불어 대통령제를 산출할 정치문화를 형성하였다.

하지만 필라델피아 제헌회의 대표들이 기꺼이 타협하지 않았다면 대통령제는 유산流産되고 말았을 것이다. 특히 대통령을 선출하는 주체를 결정하는 문제에서 제헌회의 대표들은 연방의회의 구성 문제로 격돌하였던 것과 같은 양상을 보였다. 인구수가 큰 국가는 국민직선방식을 선호했고 인구수가 적은 국가는 입법부 선출방식을 선호했다. 연방의회의 구성 문제가 '대타협(Great Compromise)'으로 해결되었던 것과 같이, 대통령 선출방식도 연방의회의 구성방식을 원용함으로써 해결의 실마리를 찾게 되었다. 각 국가(주)의 동등대표를 인정하는 상원의 의석수와 각 국가(주)의 인구수에 비례하여 구성하는 하원의 의석수를 합산한 수를 각 국가(주)가 선출할 수 있는 선거인의 수로 결정했던 것이다.

필라델피아 제헌회의는 한 편으로 타협의 과정이기도 했지만, 다른 한 편으로는 갈등을 드러낸 과정이기도 했다. 예를 들어, 국무회의의 설치 문제에서는 신구 세대의 갈등이 노정되었다. 영국 국왕과 식민지 총독의 혹독한 폭정을 경험한 과거지향적 구세대는 국무회의를 통해 최고행정관을 통제하고 견제하기를 기대했다. 그러나 혁명기 각 공화국의 최고행정관의 리더십을 경험하고 정치경력의 절정에 도달한 미래지향적 신세대는 국무회의의 비실용성을 강조하고 최고행정관의 독립성을 확보해 줌으로써 효율적이고 효과적인 국정운영을 희망했다. 신세대 대표들은 국무회의의 설치 대신에 역설적으로 복수의 최고행정관보다는 1인의 최고행정관을 둠으로써 대통령의 책임정치를 구현하고자 했다.

세대 간의 갈등에도 불구하고 대통령제를 탄생시킨 미국연방헌법은 구세대로부터도 축복을 받았다. 제헌회의가 개최된 지 약 3개월 반이 지난 9월 17일, 제헌회의에 참가했던 대표 42명 중 39명이 미국연방헌법에 서명했다. 3명의 대표는 끝내 서명을 거부했지만, 구세대의 대표인물 격이었던 벤저민 프랭클린은 대통령제의 탄생에 한없는 축복의 기원을 올렸다. 그는 제헌회의에 참가하여 토론을 벌이면서 의장 좌석 뒤의 태양을 보곤 했다고 한다. 그리고 프랭클린은 이 태양은 "지고 있는 태양이 아니라 떠오르는 태양"임이 확실하다고 말함으로써 미국연방헌법의 탄생을 축복했다. 그래서 그는 행복하다고 말했다.

주

1) Catherine Drinker Bowen, *Miracle at Philadelphia: The Story of the Constitutional Convention, May to September 1787*, Little, Brown, 1966.

2) 뉴햄프셔, 펜실베이니아, 델라웨어, 메릴랜드 등의 최고행정관은 '거버너'가 아니라 '프레지던트'라고 불렸다.

3) 미국연합헌장이 1781년 3월 1일에 발효하게 됨에 따라 제2차 대륙회의의 '의장'이었던 새뮤얼 헌팅턴의 직위 명칭이 변경되었다. 그러나 새로운 직명을 최초로 사용한 사람은 1781년 11월 5일부터 의장 임기를 시작한 존 핸슨John Hanson이다. 때로는 제2차 대륙회의와 미국 연합회의 사이의 연속성 때문에 최초의 '프레지던트'로서 대륙회의의 의장이었던 파이턴 랜돌프Peyton Randolph를 들기도 한다.

4) 이 기간 외무위원회의 유일한 위원은 제임스 러벨James Lovell이었다. 그는 벙커힐 전투에서 간첩 혐의로 영국군에 잡혔으나 포로교환으로 풀려나와 대륙회의에 선출되었다. 그는 기밀정보 수집, 암호코드 제작 및 해독 등에 크게 공헌했으며 '미국 암호해독학(Cryptanalysis)의 아버지'라고 불린다.

5) 존 제이는 약한 입법부와 강한 행정부를 기본 골격으로 하는 1777년의 뉴욕 헌법을 기초했다. 어느 미국연합 국가의 헌법보다도 1777년의 뉴욕 헌법은 미국연방헌법에 가장 큰 영향을 끼쳤다.

6) 독립선언서의 공식적인 제호는 "Unanimous Declaration of the Thirteen United States of America"이다. 대륙회의 의장 존 핸콕이 1776년 7월 6일에 대륙군 총사령관 조지 워싱턴에게 보낸 존 던랩John Dunlap의 인쇄본 제호는 "13개의 아메리카 연합 국가들의 대표들에 의한 선언(A Declaration by the Representatives of the United States of America, in General Congress Assembled)"이다.

7) 영국과 북아메리카 식민지 사이에 전쟁이 시작되자, 1775년 6월 뉴햄프셔 총독인 존 웬트워스Sir. John Wentworth는 식민지에서 도망쳤다. 이에 뉴햄프셔 의회는 헌법을 제정하고 정부를 구성했다. 이 헌법에 따르면, 국민이 선출하는 하원과 하

원이 선출하는 12명 의원으로 구성하는 상원이 있었으나, 행정부는 없었다. 뉴햄프셔의 헌법은 과도기적 성격을 가진 것으로서 영국 모국과 화해할 때까지 유효로 한다는 조건을 달았으나 1784년까지 사용되었다. (Willi Paul Adams, *The First American Constitutions*, University of North Carolina Press, 1980, pp.68-70)

8) 사우스캐롤라이나는 1776년 3월 26일, 버지니아는 6월 29일, 그리고 뉴저지는 7월 2일에 각각 헌법을 제정했다.

9) 그러나 혁명이 마무리되면서 여성참정권은 곧 폐지되었다. 뉴욕은 1777년, 매사추세츠는 1780년, 뉴햄프셔는 1784년, 그리고 뉴저지는 조금 뒤인 1807년에 여성참정권을 폐지했다. 기혼여성은 재산소유권이 없었으므로 당연히 참정권을 향유하지 못했다. 참정권을 향유했던 여성은 일정 재산이 있는 미혼여성 혹은 이혼 여성이었다.

10) Governor라는 용어가 식민지 시기에는 '총독'으로 번역되지만 독립 이후 미국연합 시기에는 '최고행정관' 혹은 '행정수반行政首班', 그리고 미국연방 시기에는 '주지사'로 번역되는 것처럼, executive council도 식민지 시기에는 집행평의회로, 미국연합 및 미국연방 시기에는 주로 '국무회의'로 번역된다. 또한 국가 정책의 집행이라는 차원에서 executive council과 council of state는 일반적으로 상호치환적인 용어였다.

11) 조지아에서는 국무회의(executive council)가 모든 제정법의 위헌성을 심사할 수 있도록 했다. 그러나 이것은 법률안거부권이라기보다는 사법심사에 가까웠으며, 최고행정관은 제정법 심사시 국무회의에 참석할 수 없었다.

12) 1775년의 렉싱턴과 콩코드의 전투 이후, 매사추세츠는 1691년의 인허장(charter)이 유효하다고 선언했다. 이 인허장 아래, 매사추세츠는 총독과 부총독의 부재를 선언하고 의회가 선출한 28인으로 구성된 국무회의에 행정부의 역할을 위임하여 혁명을 수행했다. 그 후 매사추세츠는 1780년 3월에 영구적인 헌법을 제정했다.

13) 조지 클린턴은 1801년에서 1804년까지 또다시 뉴욕 주지사를 역임했다.

14) 동등표결방식에 모든 대표들이 만족했던 것은 아니다. 펜실

베이니아의 제임스 윌슨은 큰 국가인 경우에는 그에 걸맞게 더 많은 표를 가져야 한다고 불평을 터뜨렸다. 그래서 제임스 매디슨은 작은 국가가 회의를 거부하고 돌아갈 것을 걱정하여 윌슨을 설득해야만 했다.

15) 그리고 서면이 아닌 구두로 강력한 중앙집권형 정부안을 제출한 알렉산더 해밀턴의 '해밀턴 안(Hamilton Plan)'이 제시되었다. 해밀턴은 영국 정치체제를 가장 훌륭한 것으로 파악하여 이와 유사한 체제를 제안했다. 해밀턴 안의 대통령은 선거인에 의해 선출되지만 종신직이며 거대한 권력이 부여되었기 때문에 세습적 군주제와 다름없다는 비난을 받았다.

16) 문체위원회의 위원으로는 코네티컷의 윌리엄 존슨William Johnson, 매사추세츠의 루퍼스 킹Rufus King, 알렉산더 해밀턴, 구버뇌 모리스, 그리고 매디슨이 배정되었다. 그러나 대부분의 작업은 구버뇌 모리스가 담당했다.

17) 벤저민 프랭클린이 1776년 펜실베이니아 헌법의 주요 기초자라는 주장에 관해 논란이 있다. 그러나 프랭클린이 1776년의 펜실베이니아 헌법을 강력히 지지했다는 사실은 적어도 틀림없다. (Forrest McDonald, *The American Presidency: An Intellectual History*, University Press of Kansas, 1994, p.132).

18) 선거인단 선출방식은 6월 2일 이후에 6월 18일에 알렉산더 해밀턴에 의해, 7월 17일에 루터 마틴Luther Martin에 의해, 그리고 8월 24일에 구버뇌 모리스에 의해 다시 제기되었다.

19) 연기안건위원회가 구성되던 시기에 뉴욕 대표들은 불참했기 때문에 11개국 대표들로만 위원회가 구성되었다.

참고문헌

정경희, 『중도의 정치: 미국 헌법 제정사』, 서울대학교출판부, 2001.

조지형, 『헌법에 비친 역사』, 푸른역사, 2007.

_____, 『탄핵, 감시권력인가 정치적 무기인가』, 책세상, 2004.

Adams, Willi Paul, *The First American Constitutions,* University of North Carolina Press, 1980.

Bowen, Catherine Drinker, *Miracle at Philadelphia,* Little, Brown, 1966.

Cronin, Thomas E., *Inventing the American Presidency,* University Press of Kansas, 1989.

Ellis, Richard, ed., *Founding the American Presidency,* Rowman & Littlefield, 1999.

Farrand, Max, ed., *The Records of the Federal Convention of 1787,* rev. ed. 4 vols, Yale University Press, 1966.

Jensen, Merrill, *The Articles of Confederation: An Interpretation of the Social-Constitutional History of the American Revolution, 1774‒1781,* University of Wisconsin Press, 1940.

McDonald, Forrest, *The American Presidency: An Intellectual History,* University Press of Kansas, 1994.

Michaelsen, William B., *Creating the American Presidency, 1775‒1789.* University of Press of America, 1987.

Rakove, Jack N., *Original Meanings: Politics and Ideas in the Making of the Constitution,* Vintage Books, 1996.

Rossiter, Clinton, *1787: The Grand Convention,* Norton, 1987.

Thach, Charles C., Jr., *The Creation of the Presidency, 1775‒1789.* Johns Hopkins University Press, 1923.

Wood, Gordon, *The Creation of the American Republic, 1776‒1787,* University of North Carolina Press, 1969.

대통령의 탄생 대통령 제도는 어떻게 생겨났는가

펴낸날	초판 1쇄 2008년 3월 15일
	초판 2쇄 2017년 1월 31일

지은이	조지형
펴낸이	심만수
펴낸곳	(주)살림출판사
출판등록	1989년 11월 1일 제9-210호

주소	경기도 파주시 광인사길 30
전화	031-955-1350 팩스 031-624-1356
홈페이지	http://www.sallimbooks.com
이메일	book@sallimbooks.com

ISBN	978-89-522-0820-0 04080
	978-89-522-0096-9 04080(세트)

※ 값은 뒤표지에 있습니다.
※ 잘못 만들어진 책은 구입하신 서점에서 바꾸어 드립니다.

376 좋은 문장 나쁜 문장 `eBook`

송준호(우석대 문예창작학과 교수)

어떻게 좋은 문장을 쓸 수 있을 것인가? 우선 좋은 문장이 무엇이고 그렇지 못한 문장은 무엇인지 알아야 할 것이다. 대학에서 글쓰기 강의를 오랫동안 해 온 저자가 수업을 통해 얻은 풍부한 사례를 바탕으로 문장교육을 제대로 받지 못한 독자들에게 좋은 문장으로 가는 길을 제시하고 있다.

051 알베르 카뮈 `eBook`

유기환(한국외대 불어과 교수)

알제리에서 태어난 프랑스인, 파리의 이방인 알베르 카뮈에 대한 충실한 입문서. 프랑스 지성계에 혜성처럼 등장한 카뮈의 목소리는 늘 찬사와 소외를 동시에 불러왔다. 그 찬사와 소외의 이유, 그리고 카뮈의 문학, 사상, 인생의 이해와, 아울러 실존주의, 마르크스주의 등 20세기를 장식한 거대담론의 이해를 돕는 책.

052 프란츠 카프카 `eBook`

편영수(전주대 독문과 교수)

난해한 글쓰기와 상상력으로 문학사에 커다란 발자취를 남긴 카프카에 관한 평전. 잠언에서 중편 소설 「변신」 그리고 장편 소설 『실종자』와 『소송』 그리고 『성』에 이르기까지 카프카의 거의 모든 작품에 대한 해석을 담고 있다. 또한 이 책은 카프카의 잠언과 노자의 핵심어인 도(道)의 연관성을 추적하는 등 새로운 관점도 보여 준다.

271 김수영, 혹은 시적 양심 `eBook`

이은정(한신대 교양학부 교수)

힘과 새로움으로 가득 차 있는 김수영의 시 세계. 그 힘과 새로움의 근원을 알아보고 지금까지와는 다른 새로운 독법으로 그의 시 세계를 살펴본다. 그와 그의 시에 대해 깊은 애정을 가진 저자는 김수영의 이해를 위한 충실한 안내자 역할을 자처한다. 김수영의 시 세계를 향해 한 발 더 들어가 보고자 하는 독자들에게 유익한 책이다.

369 도스토예프스키

박영은(한양대학교 HK 연구교수)

『카라마조프가의 형제들』과 『죄와 벌』로 유명한 러시아의 대문호 도스토예프스키. 그의 작품에 등장하는 생생한 인물들은 모두 그의 힘들었던 삶의 경험과 맞닿아 있다. 한 편의 소설 같은 삶을 살았으며, 삶이 곧 소설이었던 작가 도스토예프스키의 생의 한가운데 서서 그 질곡과 영광의 순간이 작품에 어떻게 드러나는지를 살펴본다.

245 사르트르 참여문학론

변광배(한국외대 불어과 강사)

사르트르의 『문학이란 무엇인가』에서 전개된 참여문학론을 소개하면서 억압받는 자들을 위한다는 기치를 높이 들었던 참여문학론의 의미를 성찰한다. 참여문학론의 핵심을 이루는 타자를 위한 문학은 자기 구원의 메커니즘에 문제가 생겼을 때 이 문제를 해결하고, 그 메커니즘을 보충하는 이차적이고도 보조적인 문학론이라고 말한다.

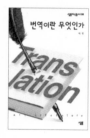

338 번역이란 무엇인가

이향(통역사)

번역에 대한 관심이 날로 늘어 가고 있다. 추상적이거나 어렵게 느껴지는 번역 이론서들, 그리고 쉽게 읽히지만 번역의 전체 그림을 바라보기에는 부족하게 느껴지는 후일담들 사이에 다리를 놓는 이 책은 번역의 이론과 실제를 동시에 접하여 번역의 큰 그림을 그리고자 하는 독자들에게 안성맞춤이다.

446 갈매나무의 시인, 백석

이숭원(서울여대 국문과 교수)

남북분단 이후 북에 남았지만, 그를 기리는 많은 이들의 노력으로 백석은 현재 우리나라에서 가장 주목받는 시인 중 한 사람이다. 이 책은 시인을 이해하는 많은 방법 중 '작품'을 통해 다가가기를 선택한 결과물이다. 음식 냄새 가득한 큰집의 정경에서부터 '흰 바람벽'이 오가던 낯선 땅 어느 골방에 이르기까지, 굳이 시인의 이력을 들춰보지 않더라도 그의 발자취가 충분히 또렷하다.

053 버지니아 울프 살아남은 여성 예술가의 초상 `eBook`

김희정(서울시립대 강의전담교수)

자신만의 독창적인 글쓰기 방식을 남기고 여성작가로 살아남는다는 것이 어떤 의미를 갖는지를 보여 준 버지니아 울프와 그녀의 작품세계에 관한 평전. 작가의 생애와 작품이 어우러지는 지점들을 추적하는 방식으로, 모더니즘 기법으로 치장된 울프의 언어 저변에 숨겨진 '여자이기에' 쉽게 동감할 수 있는 메시지들을 해명한다.

018 추리소설의 세계

정규웅(전 중앙일보 문화부장)

추리소설의 역사는 오이디푸스 이야기까지 거슬러 올라간다. 저자는 고전적 정통 기법에서부터 탐정의 시대를 지나 현대에 이르기까지 추리소설의 역사와 계보를 많은 사례를 들어 재미있게 설명하고 있다. 추리소설의 'A에서 Z까지', 누구나 그 추리의 세계로 쉽게 빠져들게 하는 책이다.

199 디지털 게임 스토리텔링 `eBook`

한혜원(이화여대 디지털미디어학부 교수)

디지털 시대의 새로운 이야기 양식을 소개한 책. 디지털 패러다임의 중심부에 게임이 있다. 이 책은 디지털 게임의 메커니즘을 이야기 진화의 한 단계로서 설명한다. 게임의 역사에 있어서 중요한 패러다임의 변화, 게임이라는 새로운 지평에서 펼쳐지는 새로운 이야기 양식에 대한 분석 등이 흥미롭게 소개된다.

326 SF의 법칙

고장원(CJ미디어 콘텐츠개발국 국장)

과학의 시대다. 소설은 물론이거니와 영화, 애니메이션, 만화, 게임 등 온갖 형태의 콘텐츠가 SF 장르에 손대고 있다. 하지만 SF 콘텐츠가 각광을 받고 있는 것에 비해 이 장르에 대한 깊이 있는 이해를 도울 만한 마땅한 가이드북이 존재하지 않는다. 이 책은 이러한 아쉬움을 채워주기 위한 작은 출발점이 될 것이다.

eBook 표시가 되어있는 도서는 전자책으로 구매가 가능합니다.

(주)살림출판사
www.sallimbooks.com
주소 경기도 파주시 문발동 522-1 | 전화 031-955-1350 | 팩스 031-955-1355